こどもが
まいにち
つかうもの

石川ゆみ

筑摩書房

# もくじ

はじめに p.4

1　グレーポケットのキャンバス地レッスンバッグ p.6　How to make p.50
2　赤ポケットのキャンバス地レッスンバッグ p.7　How to make p.51
3　おやつマット p.8　How to make p.52
4　チェックのレッスンバッグ p.10　How to make p.53
5　ネイビーのレッスンバッグ p.11　How to make p.54
6　ティッシュケース p.12　How to make p.55
7　ちくちくハンカチ p.13　How to make p.55
8　ボーダーのシューズ入れ p.14　How to make p.56
9　キャンバス地シューズ入れ p.15　How to make p.56
10　リネンのスリッパ p.16　How to make p.58
11　ウールのスリッパ p.17　How to make p.58
12　ネックレスとブレスレット p.18　How to make p.57
13　赤のおでかけポシェット p.20　How to make p.60
14　黒のおでかけポシェット p.21　How to make p.60
15　もこもこペンケース p.22　How to make p.62
16　ふちどりタオル p.23　How to make p.63
17　ネコのぬいぐるみ p.24　How to make p.64

18　赤いチェックのバッグ　p.25　How to make p.61
19　ショルダーバッグ　p.26　How to make p.66
20　2wayバッグ　p.27　How to make p.67
21　2つポケットのエプロン　p.28　How to make p.68
22　ギンガムチェックのエプロン　p.29　How to make p.69
23　ストライプのエプロン　p.30　How to make p.69
24　ボーダースモック　p.32　How to make p.70
25　リネンスモック　p.34　How to make p.71
26　髪かざり　p.35　How to make p.63
27　どんぐりぼうし　p.36　How to make p.72
28　毛糸のマフラー　p.36　How to make p.73
29　かたづけ巾着　p.38　How to make p.74
30　おもちゃ入れ　p.40　How to make p.75
31　りぼんバッグ　p.42　How to make p.76
32　ウォールポケット　p.44　How to make p.77
33　リネンのポーチ　p.46　How to make p.78
34　きんちゃく袋　p.48　How to make p.79

How to make　p.49

## はじめに

私の母は裁縫はしませんでしたが
寒い土地柄だったからでしょうか、よく編み物をしていました。
手編みのミトンから、機械編みのセーターまで、
今思えば、働いていたのによく作ってくれたな、と思います。
小さい頃からおしゃれが好きでうるさかった私でしたが
母の作ってくれたものは大好きだったし、記憶に残っています。

忙しい毎日のなかでの手作りは、案外、気合いがいるものです。
私も必要に迫られて作り始めるのがほとんどです。

入園や入学が手作りのきっかけになった、とはよく聞くこと。
小さな子どものものはすべてがちっちゃいので、
作るのも楽しくなります。
でも貴重な自分の時間のなかで作るわけなので、
手早く簡単にでき上がるほうがいい。
そして子どもは飾らなくてもそのままで充分かわいいのですから、
キャラクターやフリフリのリボンも、ないほうがかえっていい。
ボーダーにジーンズというスタイルが一番であるように
シンプルなものほど子どものかわいさが引き立つと思います。

身につけるもの、持ち歩くもの、おうちのもの。
ちょっとだけ時間をつくって作ってあげましょう。
きっとどんなものでも、子どもの記憶に残る宝物になるでしょう。

石川ゆみ

## グレーポケットのキャンバス地レッスンバッグ
How to make p.50

# 2

赤ポケットの
キャンバス地レッスンバッグ
How to make p.51

# 3

**おやつマット**
How to make **p.52**

# 4

**チェックのレッスンバッグ**
How to make p.53

# 5

**ネイビーのレッスンバッグ**
How to make p.54

## ティッシュケース
How to make p.55

# 7

**ちくちくハンカチ**
How to make **p.55**

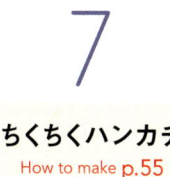

# 8

**ボーダーのシューズ入れ**
How to make p.56

# 9

## キャンバス地シューズ入れ

How to make p.56

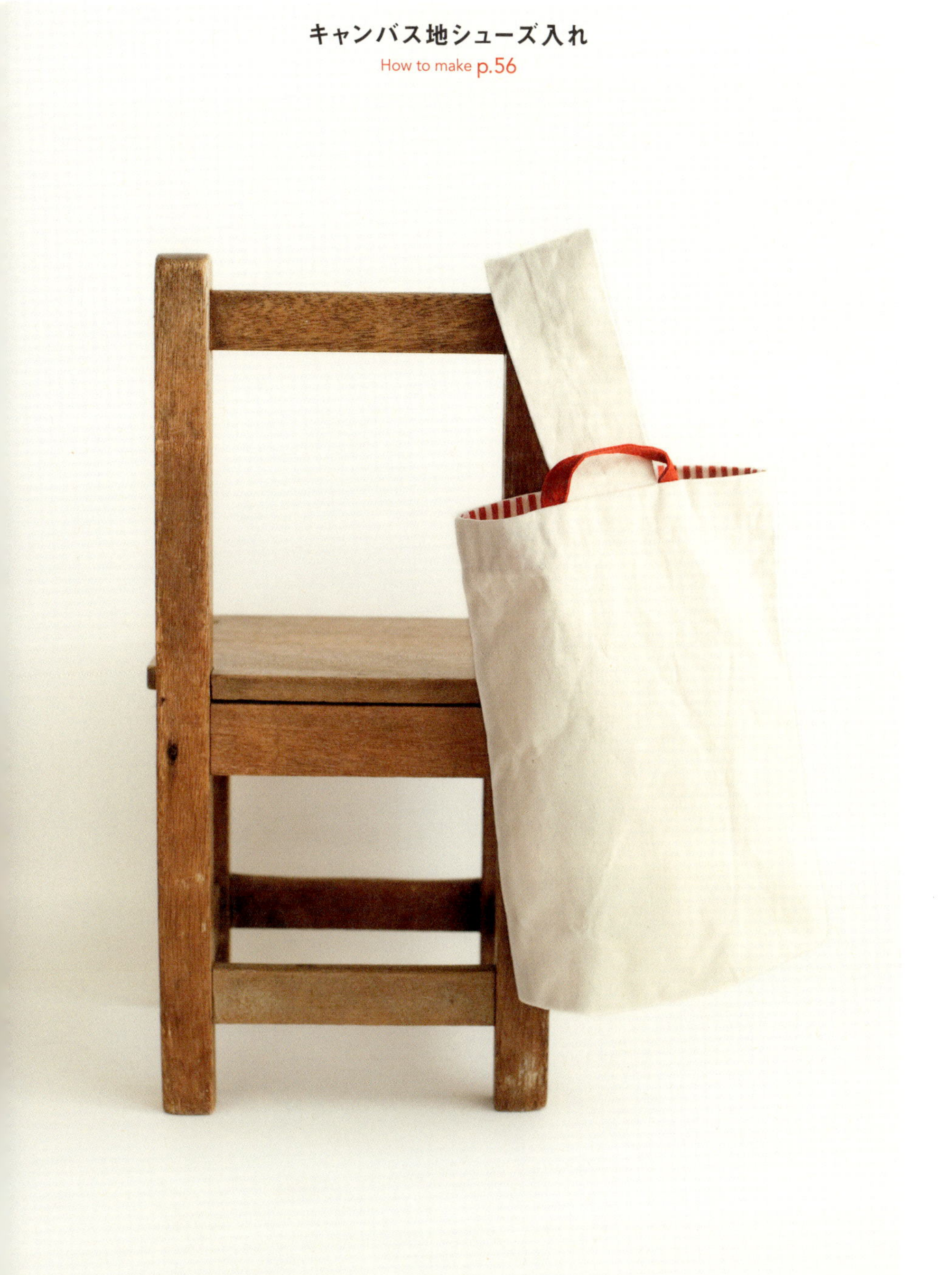

## リネンのスリッパ
How to make p.58

**ウールのスリッパ**
How to make p.58

# 12

**ネックレスとブレスレット**
How to make p.57

# 13

## 赤のおでかけポシェット
How to make p.60

# 14

**黒のおでかけポシェット**
How to make **p.60**

# 15

**もこもこペンケース**
How to make p.62

# 16

**ふちどりタオル**
How to make p.63

# 17

**ネコのぬいぐるみ**
How to make p.64

**赤いチェックのバッグ**
How to make p.61

# 19

**ショルダーバッグ**
How to make p.66

# 20

**2wayバッグ**
How to make **p.67**

# 21

**2つポケットのエプロン**
How to make p.68

# 22

**ギンガムチェックのエプロン**
How to make **p.69**

# 23

**ストライプのエプロン**
How to make p.69

# 24

**ボーダースモック**
How to make p.70

# 25

**リネンスモック**
How to make **p.71**

# 26

**髪かざり**
How to make **p.63**

# 27.28

### どんぐりぼうし・毛糸のマフラー
How to make p.72.73

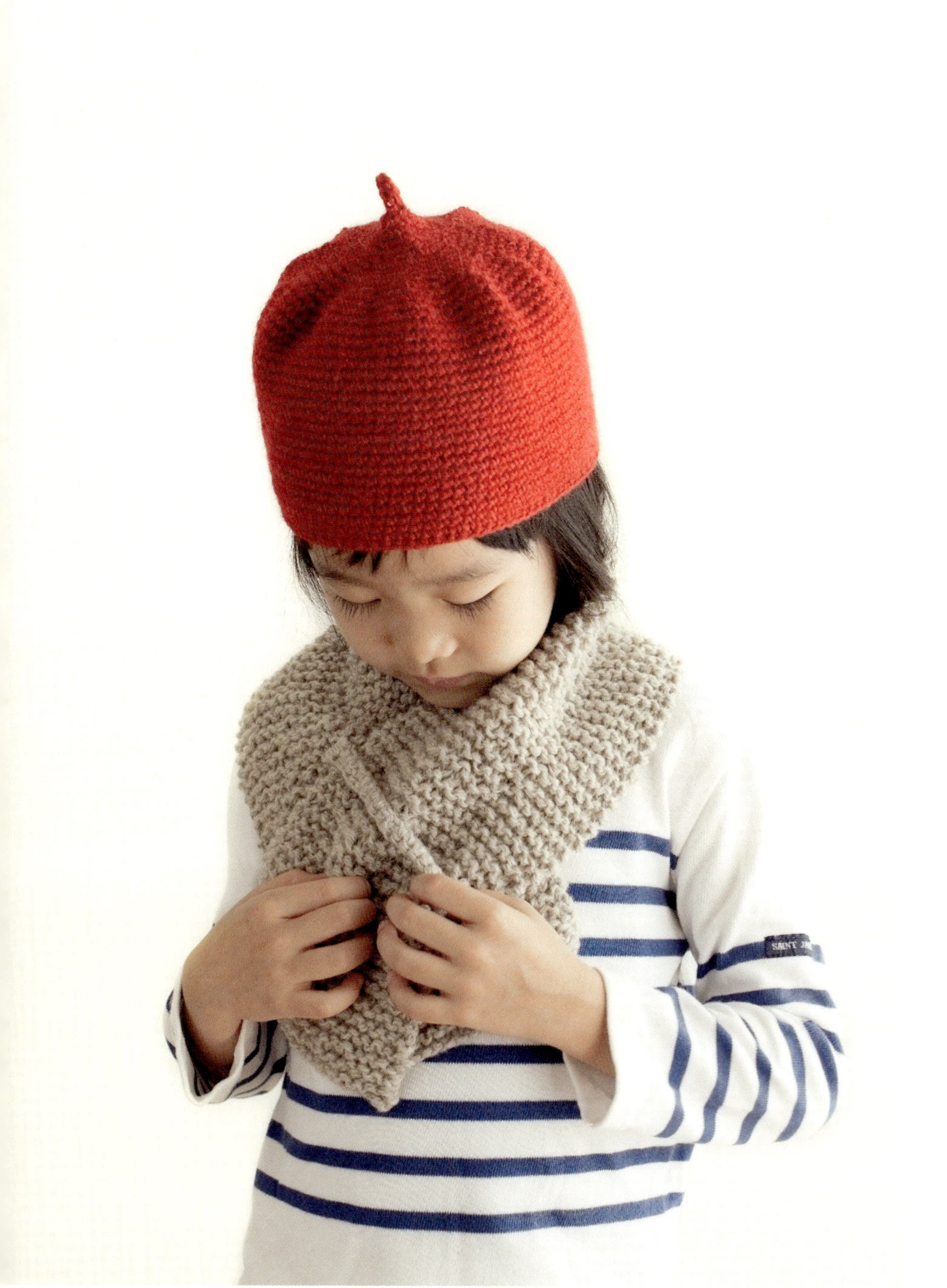

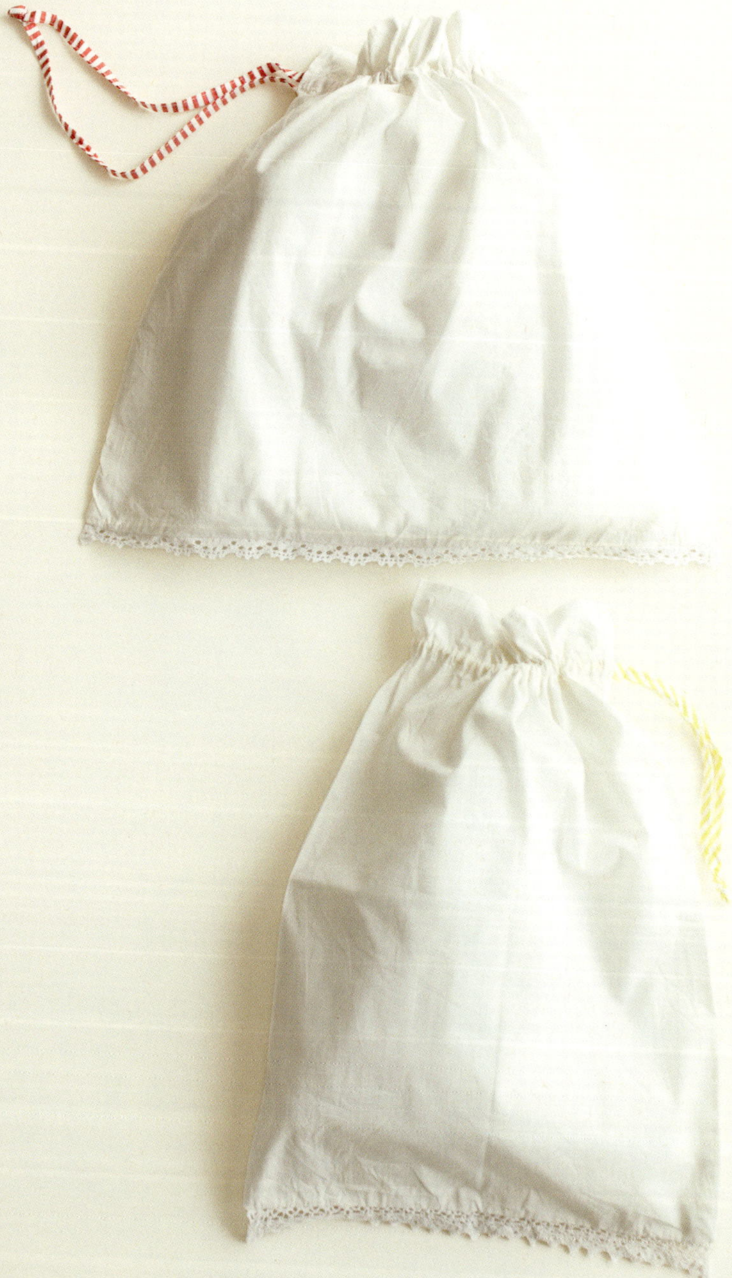

# 29
**かたづけ巾着**
How to make p.74

# 30

**おもちゃ入れ**
How to make p.75

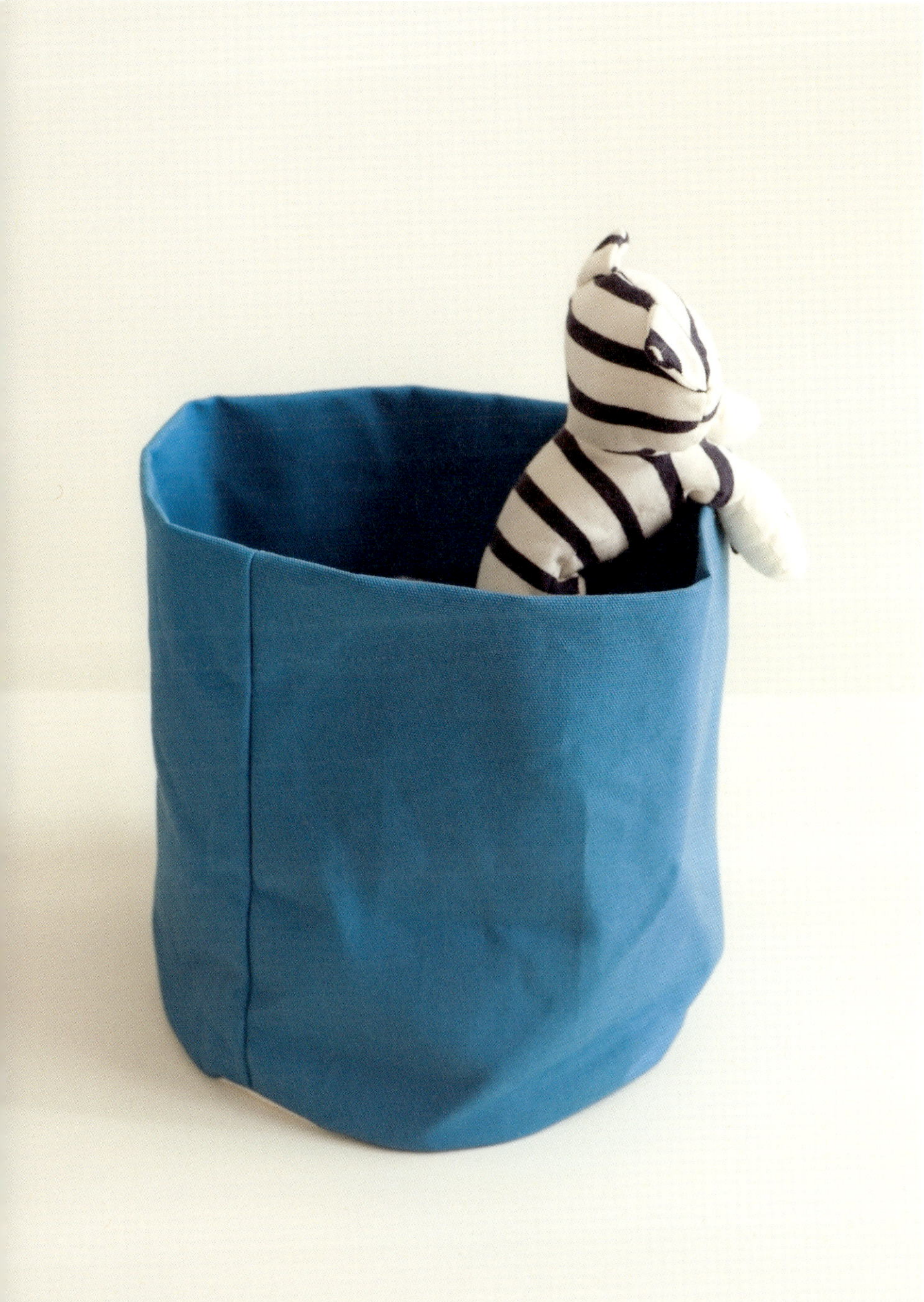

# 31

**りぼんバッグ**
How to make p.76

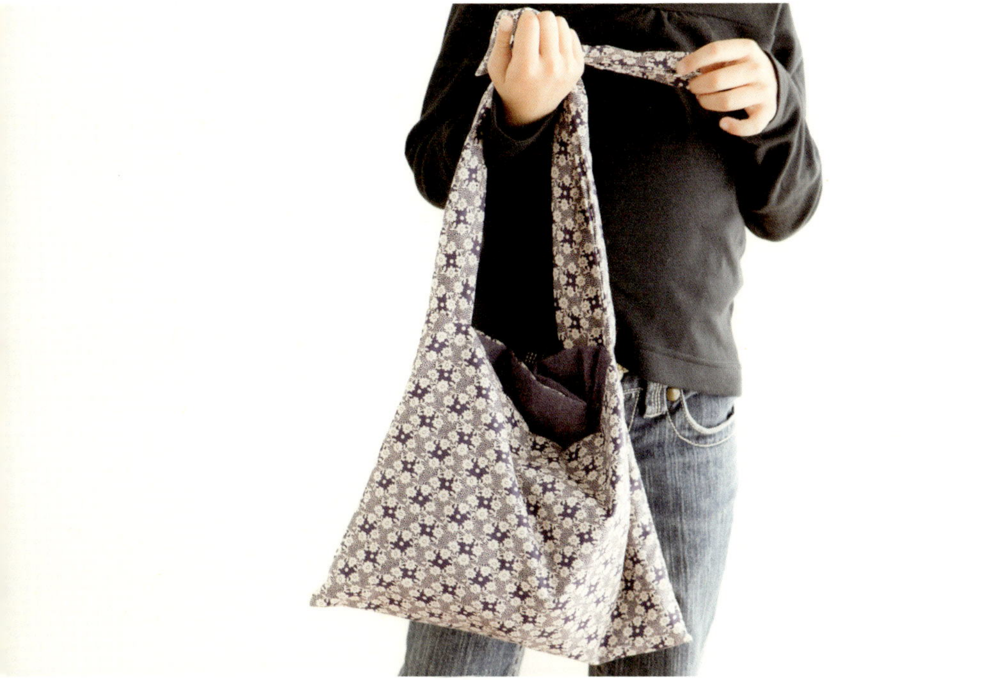

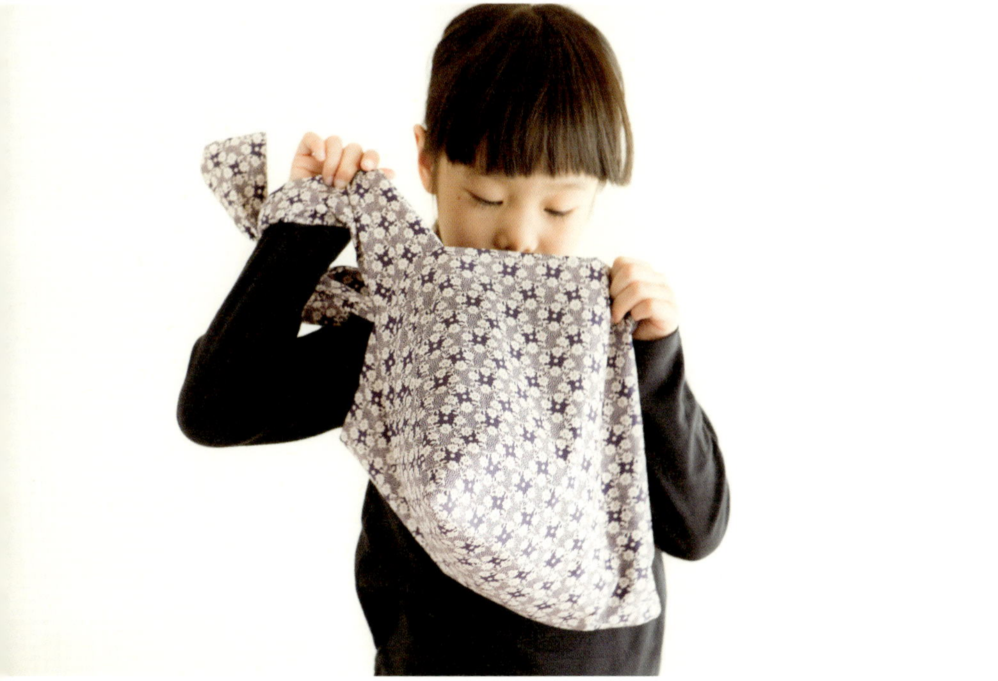

32

**ウォールポケット**
How to make p.77

# 33

**リネンのポーチ**
How to make p.78

47

# 34

**きんちゃく袋**
How to make p.79

# How to make

### ●サイズについて

ここで紹介したバッグやエプロンは、作り方ページにでき上がりの大きさ（幅×高さ）が載っています。が、お子さんに合わせて、また持ちものや入れるものに合わせて、多少サイズを調整しても大きく印象が変わることはないと思います。あなた自身のオリジナルを楽しんでください。

### ●裁断、型紙のこと

作り方ページの裁ち図は縫い代分も含まれていますので、寸法通りに布を裁断します（図の中の数字はcmで表記しています。↕は布の地の目です）。その際、直線の裁ち図は布にじかに線を引いて裁っても構いませんが、厚手の紙で型紙を作ると何度も使えて便利です。また「ネコのぬいぐるみ」「リネンのスリッパ」「ウールのスリッパ」は型紙が載っていますので、ハトロン紙などの紙に各パーツを写しとって型紙を作ります。

### ●ミシンがけのこと

縫い始める前に余り布で試し縫いをして、ミシンと布の相性を確認しましょう。ポイントは布に合ったミシン糸とミシン針を使うことです。薄い布には細い糸と針、厚い布には太い糸と針が基本です。ニット地にはニット地用の伸縮性のある糸と針先が丸く作られた針を使います。
ミシンがけの縫い始めと縫い終わりは必ず返し縫いをします。縫い合わせるときは端から0.8～1cmのところを縫います。ステッチ定規があればまっすぐ縫えて便利です。また端ミシンは0.1～0.3cmくらいのところを縫います。
図中のジグザグはミシン機能のジグザグ縫いのことです。裁ち端の始末やデザインのアクセントにもなります。

## グレーポケットの
## キャンバス地レッスンバッグ

Photo …… p.6

厚手のキャンバス地は
ミシンでジグザグ縫いに。
デザインポイントにもなります。

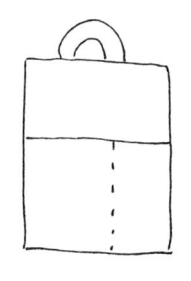

でき上がりの大きさ 約33×39cm

● **材料**
キャンバス地…
　**a**（生成り）35×80cm
　**b**（ポケット・グレー）35×40cm
　**c**（持ち手・ネイビー）25×6cmを2枚

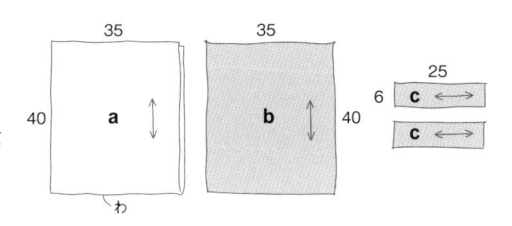

**1** **a**の長い辺、**b**の短い辺の
裁ち目にジグザグをかけ、始末する。
2枚を図のように重ねて縫い合わせる。

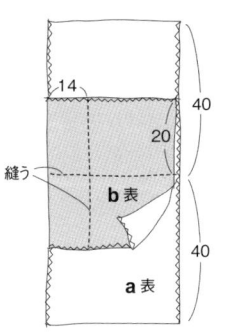

**2** **1**を中表に二つ折りにして、両脇を縫い、袋口を縫う。

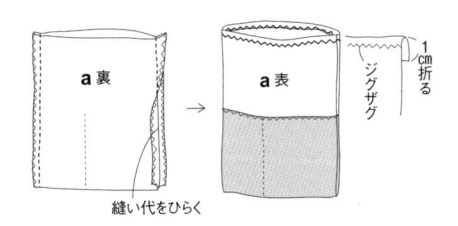

**3** **c**を二つ折りにして、重ねてジグザグで縫う。

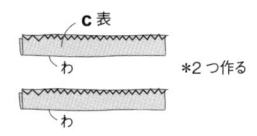

＊2つ作る

**4** **c**を図の位置にジグザグで縫いつける。
反対側も同じ。

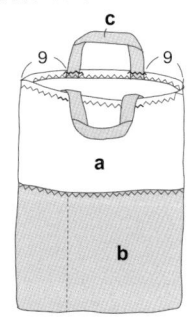

# 2 赤ポケットの
## キャンバス地レッスンバッグ

Photo …… p.7

1のバッグのポケット違いです。
キャンバス地は色も豊富なので
組み合わせを楽しんで。

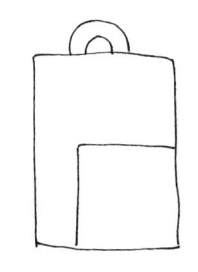

でき上がりの大きさ 約33×39cm

● **材料**
キャンバス地…
　**a**（生成り）35×80cm
　**b**（ポケット・赤）25×22cm
　**c**（持ち手・ピンク）25×6cmを2枚

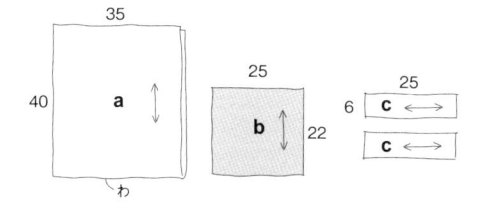

**1** **a**の長い辺、**b**の上辺の裁ち目に
ジグザグをかける。
2枚を図のように重ねてジグザグで
縫いつける。

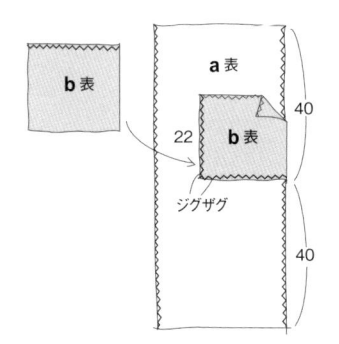

**2** ここからはP.50の **2〜4** と同じ。

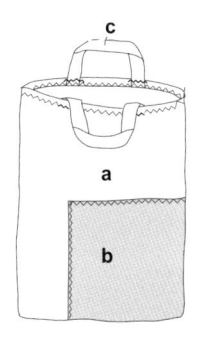

## 3
### おやつマット
Photo …… p.8.9

トレイをイメージしました。
洗える素材で作りましょう。

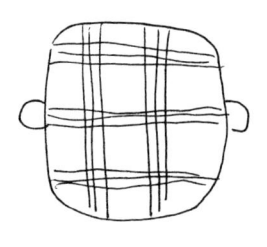

でき上がりの大きさ 約26×26cm

● 材料
ウールチェック（表・タータンチェック）…
**a** 28×28cm
ウール地（裏・カーキ／ネイビー）…
**b** 28×28cm
**c** 7×5cmを4枚

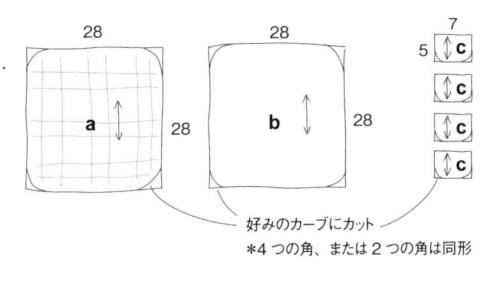

好みのカーブにカット
*4つの角、または2つの角は同形

**1** **c**どうしを中表に合わせて縫い、
表に返す。

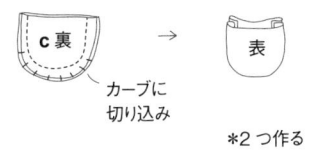

カーブに切り込み

*2つ作る

**2** **a**と**b**を中表に合わせ、間に**c**を対称に
なるように挟む。
返し口を残して一周縫う。

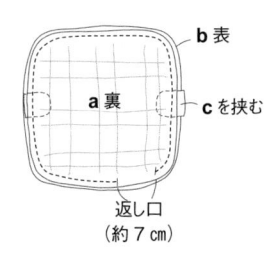

**b**表
**a**裏
**c**を挟む
返し口
（約7cm）

**3** 表に返して、返し口を閉じる。
アイロンで形を整える。

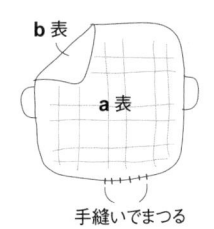

**b**表
**a**表
手縫いでまつる

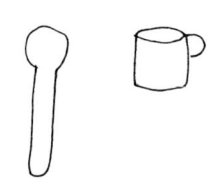

# 4 チェックのレッスンバッグ

Photo …… p.10

好きな布にキルト芯を挟んで
ステッチをかければキルティングに。
持ち手は重ね縫いして丈夫に仕上げてください。

でき上がりの大きさ 約43 × 31.5cm

● 材料
綿×麻のギンガムチェック…
　a（白×プラム）45×66cm
シーチング…
　b（裏地・生成り）45×66cm
　c（袋口・赤）45×5cmを2枚
　d（持ち手・赤）30×12cmを2枚
キルト芯…45×66cm

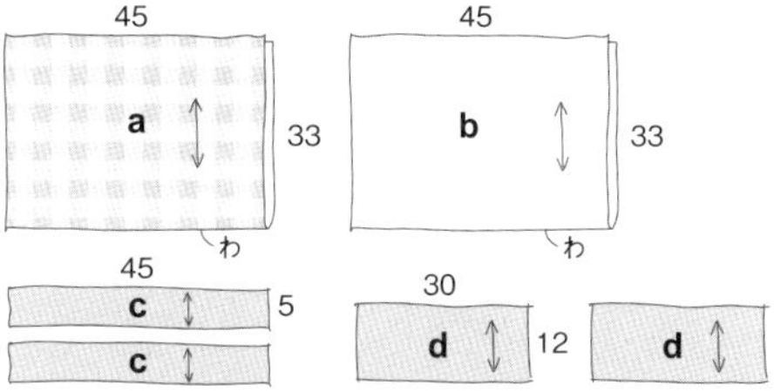

**1** キルト芯に a を重ねて、縦にステッチを数本入れる。

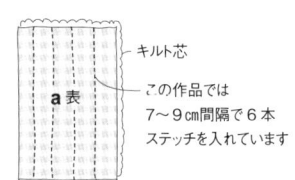

この作品では7〜9cm間隔で6本ステッチを入れています

**2** d を四つ折りにし、端ミシンをする。続けてステッチを入れる。

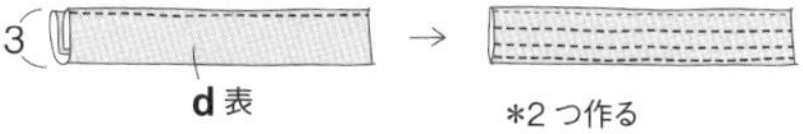

*2つ作る

**3** a の上から3cmのところに c を重ねて縫う。反対側も同じ。

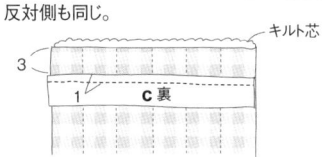

**4** c を上に倒し、d をしつけする。反対側も同じ。

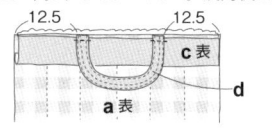

**5** a を中表に二つ折りにし、両脇を縫う。
b は返し口を残して同じように縫う。

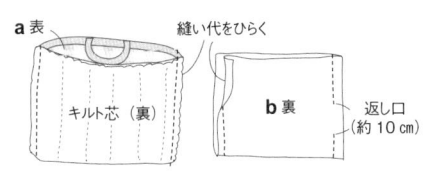

縫い代をひらく
返し口（約10cm）

**6** b を表に返し、a と中表に合わせて袋口を一周縫う。

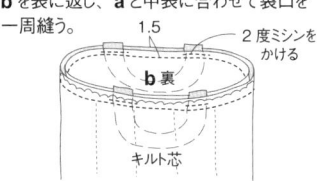

2度ミシンをかける

**7** b の返し口から表に返して、返し口を閉じる。袋口にステッチをかける。

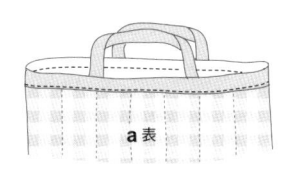

# 5
## ネイビーのレッスンバッグ
Photo …… p.11

4のバッグをよりシンプルにして、
持ち手のストライプをアクセントにしました。
ステッチの本数や間隔はお好みで。

でき上がりの大きさ 約43×31.5cm

● 材料
シーチング…
　a（ネイビー）45×66cm
　b（生成り）45×66cm
綿ストライプ…
　c（白×グリーン）30×10cmを2枚
キルト芯…45×66cm

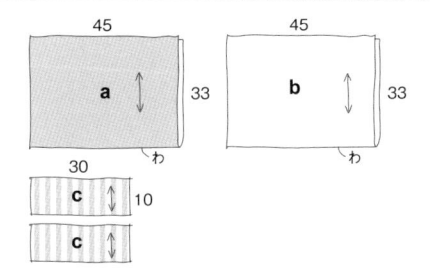

**1** キルト芯にaを重ねて、縦にステッチを数本入れる。

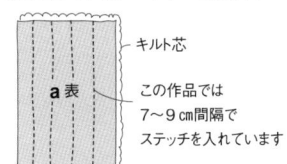

キルト芯
a表
この作品では7〜9cm間隔でステッチを入れています

**2** aを中表に二つ折りにし、両脇を縫う。
bは返し口を残して同じように縫う。

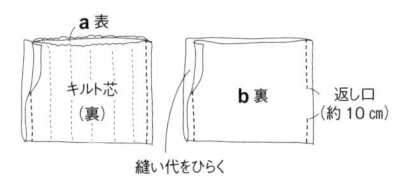

a表
キルト芯（裏）
b裏
返し口（約10cm）
縫い代をひらく

**3** cを中表に折り、縫う。
表に返して、縫い目を中心にしてアイロンをかける。

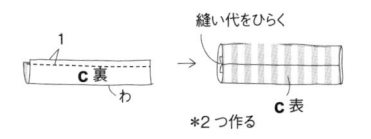

1
c裏
わ
縫い代をひらく
c表
*2つ作る

**4** aの表側にcをしつけする。

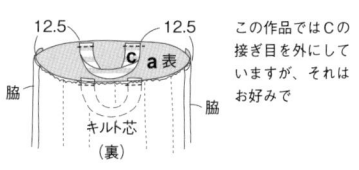

12.5　12.5
c　a表
脇　　脇
キルト芯（裏）

この作品ではCの接ぎ目を外にしていますが、それはお好みで

**5** bを表に返し、aと中表に合わせて袋口を一周縫う。

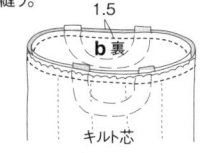

1.5
b裏
キルト芯

**6** bの返し口から表に返して、返し口を閉じる。
袋口にステッチを入れる。

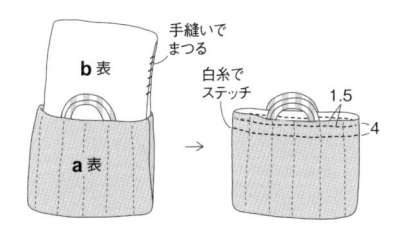

b表
a表
手縫いでまつる
白糸でステッチ
1.5
4

# 6 ティッシュケース

Photo …… p.12

色の組み合わせを変えて
たくさん作っておけば楽しい。
簡単ですが、ちょっとした
プレゼントにしても喜ばれます。

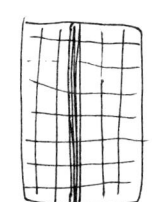

でき上がりの大きさ
約8.5×12cm

# 7 ちくちくハンカチ

Photo …… p.13

コットンのダブルガーゼは
肌触りもよくハンカチに最適。
ステッチは
ふぞろいなくらいがいい感じ。

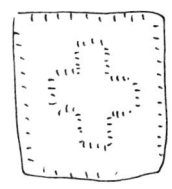

でき上がりの大きさ
約31×31cm

● 6の材料
綿のギンガムチェック…
　a 20×14cm
リネン（無地）…
　b 20×14cm

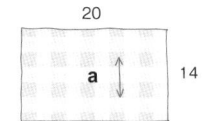

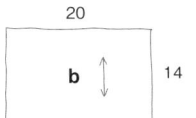

a 20×14  
b 20×14

**1** aとbを中表に合わせて、両脇を縫う。

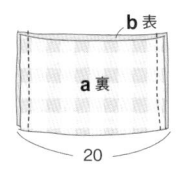

**2** 表に返して、1cm ずらしてアイロンをかける。図のように畳む。

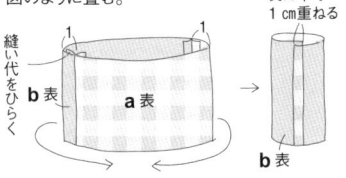

真ん中で1cm重ねる

縫い代をひらく

**3** 上、下を縫い、裁ち目にジグザグをかける。

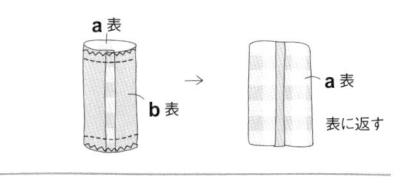

表に返す

● 7の材料
綿ガーゼ…
　35×35cm
刺しゅう糸（3〜5番）…
　2色を適宜

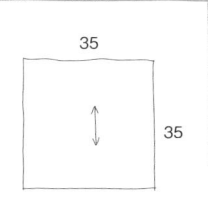

35×35

**1** 四辺を三つ折りにする。

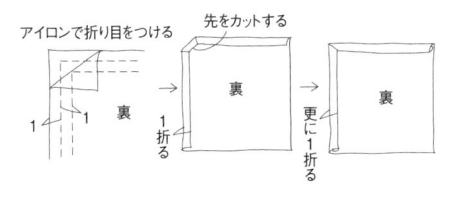

アイロンで折り目をつける　先をカットする
1折る　更に1折る

**2** 好みの模様にステッチを入れる。

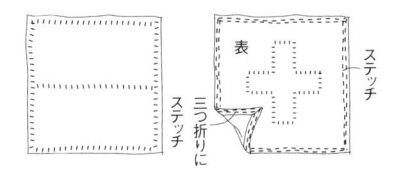

ステッチ
三つ折りにステッチ

# 8.9
## ボーダーのシューズ入れ
## キャンバス地シューズ入れ
Photo …… p.14.15

持ち手をループに通して留めるタイプ。
どこに持ち手をつけるかで
雰囲気も変わります。

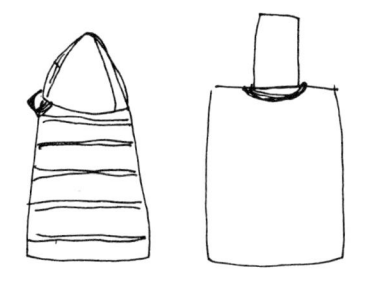

でき上がりの大きさ 約 23 × 29 × マチ 10cm

● キャンバス地の材料
薄手のキャンバス地（生成り）…
 **a** 25×70cm
 **b**（持ち手）16×35cm
シーチング（赤）…
 **c** 16×6cm
綿ストライプ（赤×白）…
 **d** 25×6cm を 2 枚

● ボーダーの材料
厚手の綿ストライプ（白×ネイビー）…
 **a** 25×70cm
 **b**（持ち手）16×35cm
シーチング（緑）…
 **c** 16×6cm
シーチング（生成り）…
 **d** 25×6cm を 2 枚

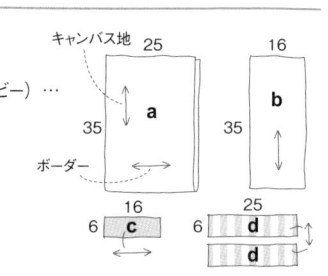

**1** **a** の底を図のように折り、両脇を縫う。

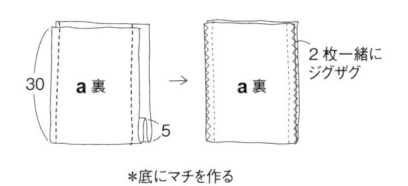

*底にマチを作る

**2** **b** を中表に折り、縫う。
表に返して、縫い目を中心にしてステッチを入れる。

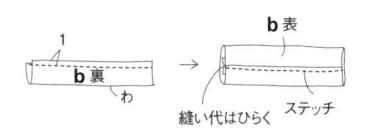

**3** **c** を四つ折りにして、端ミシンをかける。

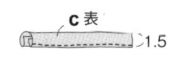

**4** **a** の表側に **b** と **c** をしつけする。

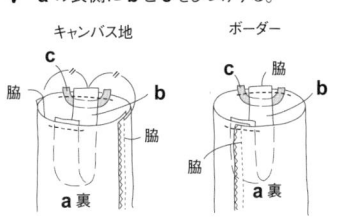

**5** **d** の両端を縫い合わせ、**a** と中表に合わせて袋口を一周縫う。

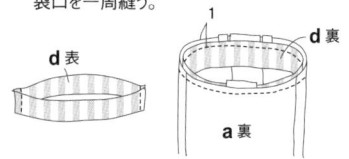

**6** **d** を **a** の裏側に倒して、1cm 内側に折り、端ミシンをかける。表に返す。

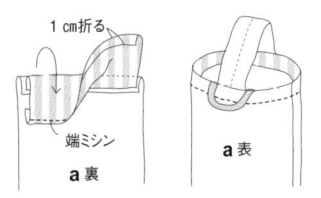

# 12
### ネックレスとブレスレット
Photo …… p.18.19

裂き布をつないで、
くさり編みをしただけの簡単アクセサリー。
シンプルな洋服のアクセントになります。

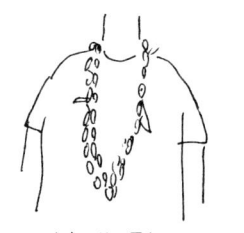

でき上がりの長さ
ネックレス　約150cm　ブレスレット　約110cm

---

● **材料**
綿のストライプ、水玉、ギンガムチェック、無地など…
　6～7種類を適宜
かぎ針…7～8号

**1** 布地をそれぞれ1cm幅に裂き、端を結んだり、縫ったりしておく。

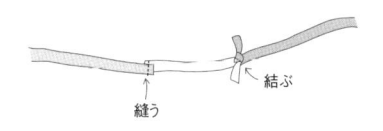

縫う　結ぶ

＊でき上がりの長さの
　約3倍くらい必要

**2** かぎ針でくさり編みを好きな長さに編む。

●くさり編みの仕方●

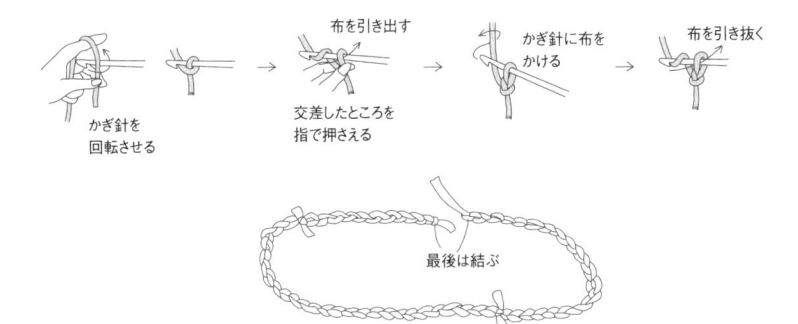

かぎ針を回転させる → 布を引き出す／交差したところを指で押さえる → かぎ針に布をかける → 布を引き抜く

最後は結ぶ

57

# 10.11
## リネンのスリッパ
## ウールのスリッパ
Photo …… p.16.17

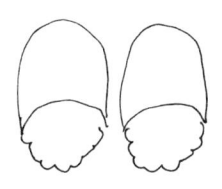

重ねて縫うだけなので
とっても簡単。
使う素材で雰囲気ががらっと変わります。

でき上がりの大きさ 約9×19cm

● リネンのスリッパの材料（1足分）
リネン（赤×オートミールの柄織り）…
　**a** 20×20cmを4枚
　**b** 12×22cmを4枚
キルト芯…12×22cmを2枚

● ウールのスリッパの材料
ウール地（グレー）…
　**a** 20×20cmを4枚
　**b** 12×22cmを2枚
フリースのボア（生成り）…
　**b** 12×22cmを2枚
キルト芯…12×22cmを2枚

＊型紙を写し、それぞれ裁断する

＊わかりやすくするため片足分で説明します

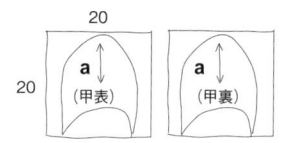

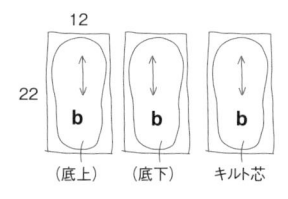

20 / **a**（甲表）　**a**（甲裏）

12 / 22 / **b**（底上）　**b**（底下）　キルト芯

**1** **a**どうし（甲表と甲裏）を中表に合わせて
図のように縫う。表に返す。

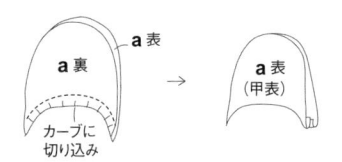

**a**裏　**a**表
カーブに切り込み
→ **a**表（甲表）

**2** キルト芯の上に**b**（底上）を重ねて一周縫う。
その上に**1**の**a**、次に**b**（底下）を重ねてしつけする。

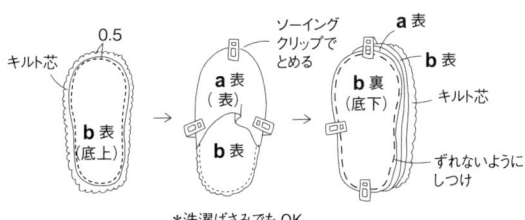

0.5
キルト芯
**b**表（底上）

→ **a**表（表）
**b**表

ソーイングクリップでとめる
**a**表
**b**表
**b**裏（底下）
キルト芯
ずれないようにしつけ

＊洗濯ばさみでもOK

**3** かかと側に返し口を残して縫う。
しつけ糸を抜き、表に返して、返し口を閉じる。

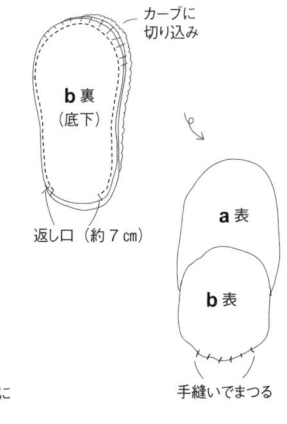

カーブに切り込み
**b**裏（底下）
返し口（約7cm）

**a**表
**b**表
手縫いでまつる

**実物大の型紙**

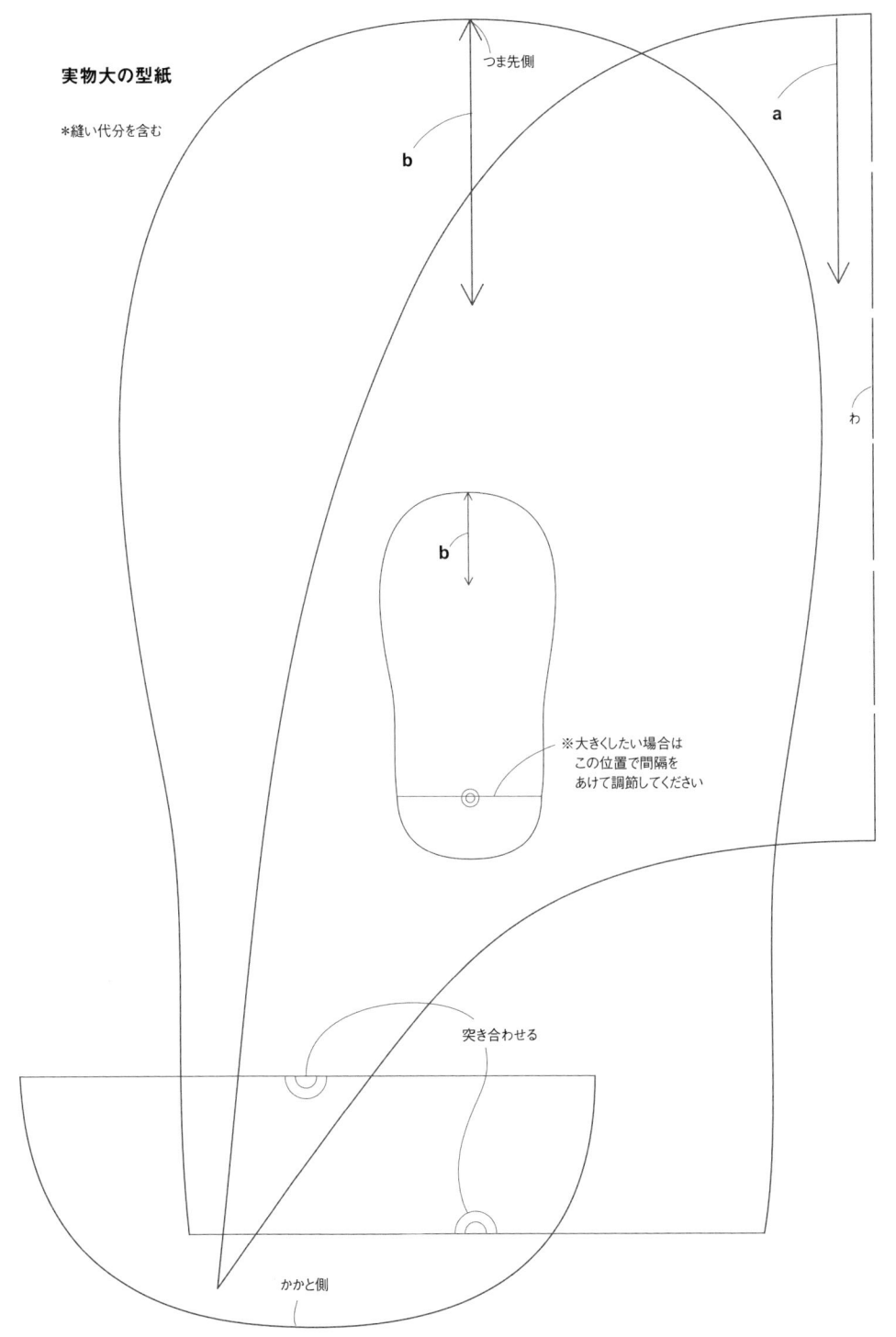

*縫い代分を含む

つま先側

b

a

わ

b

※大きくしたい場合は
この位置で間隔を
あけて調節してください

突き合わせる

かかと側

# 13.14
## 赤のおでかけポシェット
## 黒のおでかけポシェット
Photo …… p.20.21

布地が重なるところは
無理せず、ゆっくり縫って。
シンプルなワンピースによく合います。

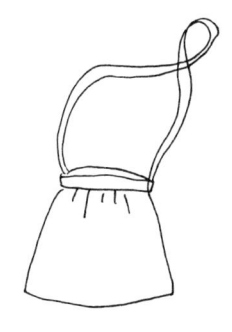

でき上がりの大きさ 約 20 × 17cm

● 材料
綿の細コーデュロイ（赤または黒）…
　**a** 22×36cm
　**c**（袋口）33×4cm
　**d**（肩ひも）108×6cm
リネン（裏地・ピンク）…**b** 22×36cm

**1** **a**と**b**をそれぞれ中表に二つ折りにし、両脇を縫う。

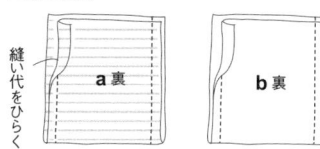

**2** **a**を表に返し、**b**を外表にして中に入れる。袋口にギャザーを寄せるためのミシンを粗くかける。

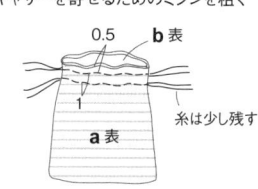

**3** **c**を輪に縫い、**a**と中表に合わせる。糸を引き、ギャザーを均等に寄せ、袋口を一周縫う。

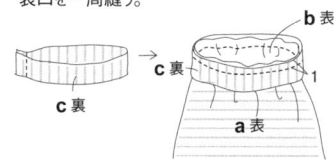

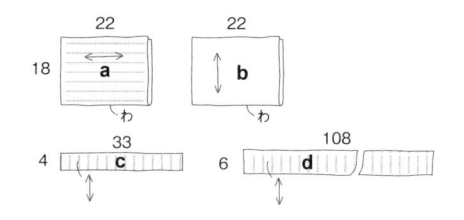

**4** **d**を四つ折りにして、端ミシンをかける。反対側にも端ミシン。

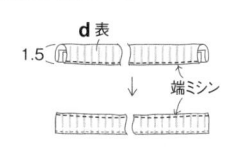

**5** **c**で袋口をくるんで、両脇に**d**を挟む。袋口をまつる。

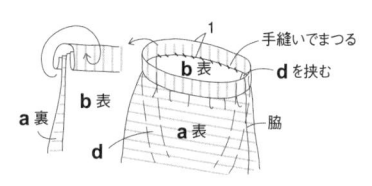

**6** **d**を上に引き上げ、縫いとめる。

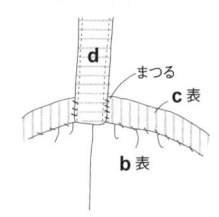

# 18
## 赤いチェックのバッグ
Photo …… p.25

底を折って縫うだけで
マチができます。
あったかいコートに合わせて。

でき上がりの大きさ 約 33 × 19 ×マチ 10cm

● 材料
ウールチェック（赤）…
　a 35×50cm
　c（持ち手）26×18cm
シーチング（生成り）…
　b（裏地）35×50cm

35　　　　　　　35
a　25　　　b　25
わ　　　　　　　わ

26
c ↔ 18

**1** a を図のように折り、両脇を縫う
b は返し口を残して同じように縫う。

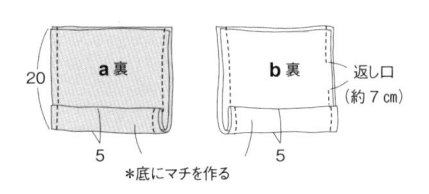

20　a裏　　　b裏　返し口
　　　　　　　　　　（約 7 cm）
5　　　　　5
＊底にマチを作る

**2** c を中表に折り、縫う。
表に返して、縫い目を中心にしてステッチを入れる。

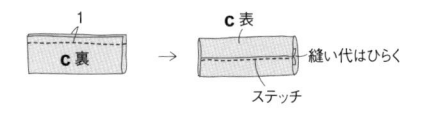

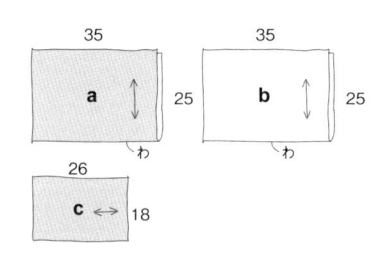

1
c裏　→　c表
縫い代はひらく
ステッチ

**3** a の表側に c をしつけする。

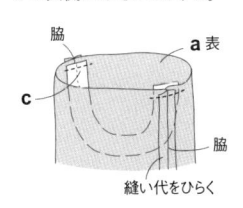

脇　　　a表
c
　　　　脇
縫い代をひらく

**4** b を表に返し、a と中表に合わせて袋口を
一周縫う。

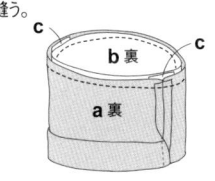

c　b裏　c
　a裏

**5** 表に返して、返し口を閉じる。

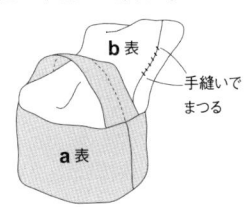

b表
手縫いで
まつる
a表

# 15
## もこもこペンケース
Photo …… p.22

裏地があればファスナーも簡単につけられます。
ふわふわの生地は
子どもの小さな手にもしっくりなじみます。

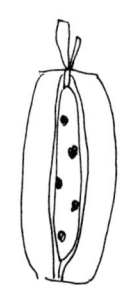

でき上がりの大きさ 約 10 × 22cm

● 材料
綿のボア（アイボリー）…
　a 20×24cm
綿の水玉柄（白×赤）…
　b 20×24cm
ファスナー（赤）…長さ20cmを1本
リボン…0.8cm幅 17cm

**1** aとbを中表に合わせ、両脇を縫い、表に返す。

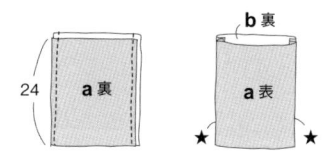

**2** 1を図のように折り、ファスナーをつける。

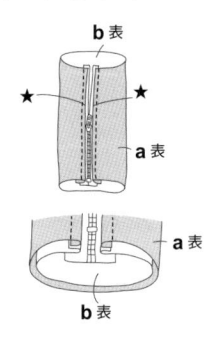

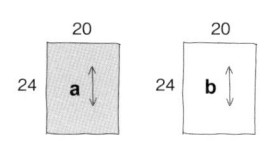

**3** 図のように上下の端を内側に2cmずつ折って
タックを作り、縫う。
裁ち目にジグザグをかけ、表に返す。

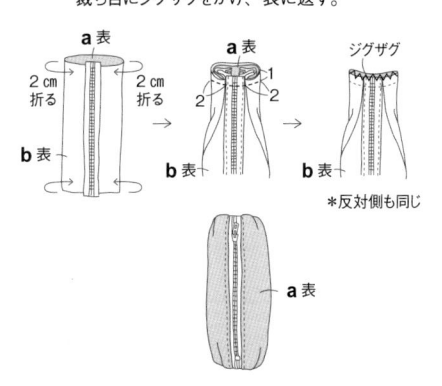

＊反対側も同じ

**4** ファスナーのスライダーにリボンを通す。

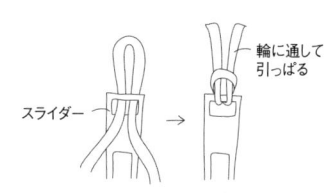

# 16
## ふちどりタオル
Photo …… p.23

手触りのよいワッフル生地を
バイアステープで包むだけ。
はぎれをつないで作りますが、
色合わせで印象が決まります。

でき上がりの大きさ
約 30 × 30cm（四角）

# 26
## 髪かざり
Photo …… p.35

生地によって
雰囲気も変わります。
ピンをつけてコサージュにしても
さりげなくてかわいい。

でき上がりの大きさ
ポンポン 7 × 7cm

---

● **16 の材料**
綿ワッフル（生成り）… 30×30cm
綿のストライプ、水玉、無地など…
　3～4 種類を適宜

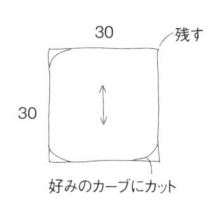

30　残す
30
好みのカーブにカット

**1** 綿の布をそれぞれ 4cm 幅のバイアスに裁ち、
接ぎ合わせ、バイアステープを作る。
（市販のバイアステープでも OK）

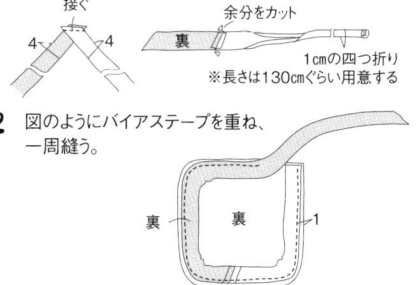

接ぐ　　余分をカット
裏
1cmの四つ折り
※長さは130cmぐらい用意する

**2** 図のようにバイアステープを重ね、
一周縫う。

裏　裏　1

**3** 表に返し、バイアステープでくるんで
端ミシンをかける。
＊円の形も同様に作る。

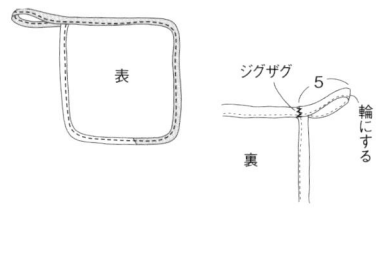

表
裏
ジグザグ
5
輪にする

---

● **26 の材料**
綿ローンなどの柔らかい布地…適宜
ヘアゴム…1 個

**1** 布地を 1cm 幅に裂く。

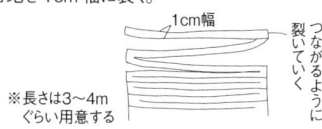

1cm幅
つながるように裂いていく
※長さは3～4mぐらい用意する

**2** 厚紙に布を巻き、中心で絞って、
ポンポンにする。

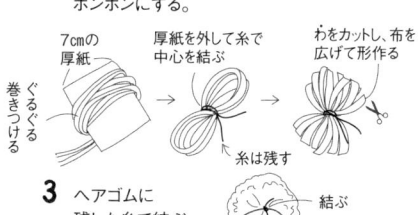

7cmの厚紙
ぐるぐる巻きつける
厚紙を外して糸で中心を結ぶ
糸は残す
わをカットし、布を広げて形作る

**3** ヘアゴムに
残した糸で結ぶ

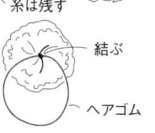

結ぶ
ヘアゴム

# 17
## ネコのぬいぐるみ
Photo …… p.24

手作りの小さなぬいぐるみは
お部屋の隅で
きっと見守ってくれます。

でき上がりの大きさ 約22cm

● **材料**
綿の起毛地（濃紺）…
　**a** 12×12cmを2枚
　**c** 4×9cmを4枚
　**d** 4×4cmを4枚
綿ニット（ボーダー柄）…
　**b** 11×15cmを2枚
　**e** 4×14cm（裁ちっぱなし、内巻きのままで）
化繊綿…適宜
顔の材料
　目…リネン、口まわり…ストライプ、ひげ…麻ひも
　ブルーの刺しゅう糸

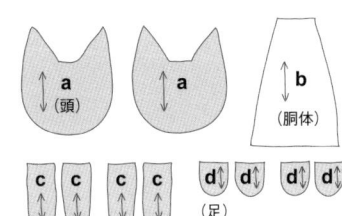

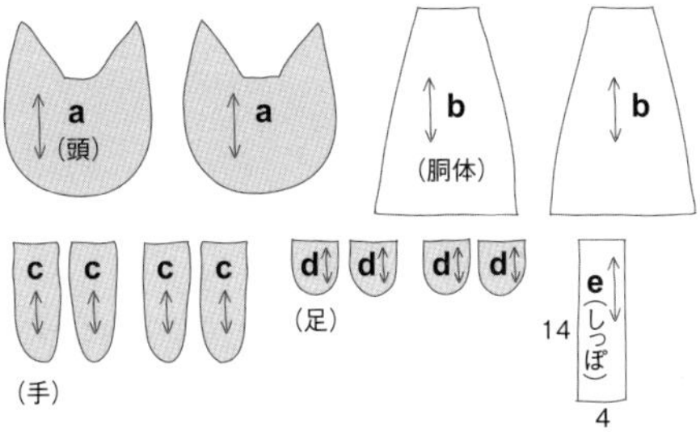

**1** **a**（頭）どうしを中表に合わせ、
返し口を残して一周縫う。
表に返して、綿を詰め、返し口を閉じる。

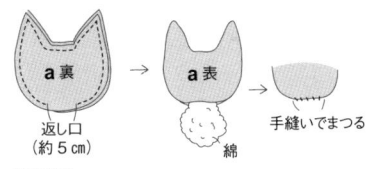

返し口（約5cm）／手縫いでまつる

**2** 顔を作る。

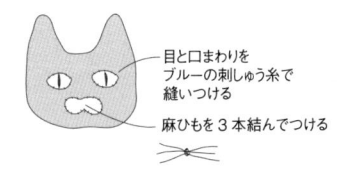

目と口まわりを
ブルーの刺しゅう糸で
縫いつける
麻ひもを3本結んでつける

**3** **c**（手）、**d**（足）をそれぞれ中表に合わせて
図のように縫う。表に返して、綿を詰める。

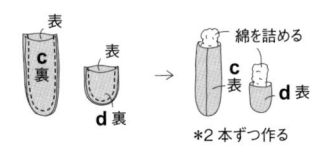

綿を詰める
＊2本ずつ作る

**4** **b**（胴体）どうしを中表に合わせ、
**d**（足）を挟んで、図のように縫う。
表に返して、綿を詰め、**e**（しっぽ）を縫いつける。

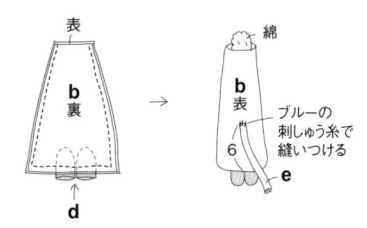

ブルーの
刺しゅう糸で
縫いつける

**5** **b**（胴体）に**a**（頭）、**c**（手）を縫いつける。

少し内側に折って
縫いつける

**実物大の型紙**

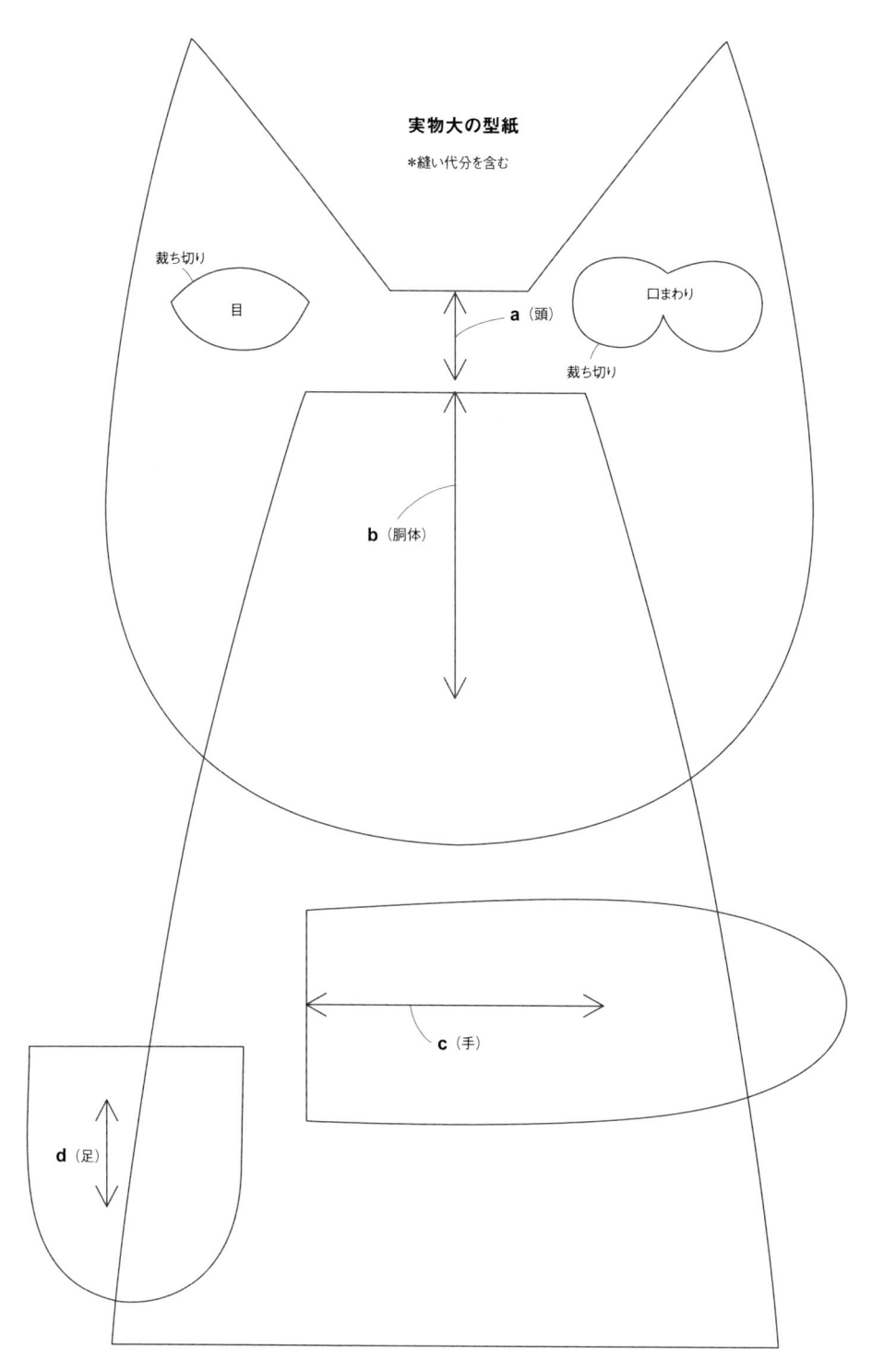

*縫い代分を含む

裁ち切り
目

口まわり

裁ち切り

**a**（頭）

**b**（胴体）

**c**（手）

**d**（足）

# 19
## ショルダーバッグ
Photo …… p.26

しっかりした生地で作るのがおすすめです。
サイズを変えて
大人用にしてもいいと思います。

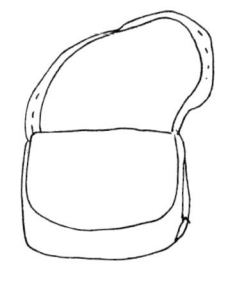

でき上がりの大きさ 約 36 × 23 ×マチ 8cm

● 材料
防水キャンバス地（ベージュ）…
　a 38×50cm
　b 32×20cmを2枚
　c 80×15cm
綿テープ（生成り）…
　4cm幅 75cm

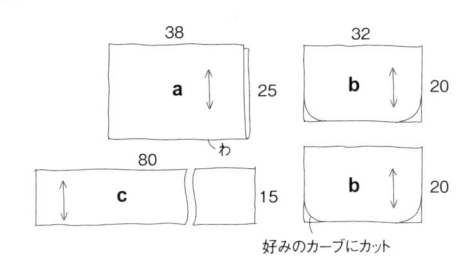

a 38 × 25　b 32 × 20　c 80 × 15　b 32 × 20
わ
好みのカーブにカット

**1** cを図のように折り、中心にステッチをかける。

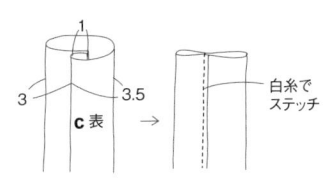

1　3　3.5　c表　白糸でステッチ

**2** bどうしを中表に合わせて縫い、表に返して整える。

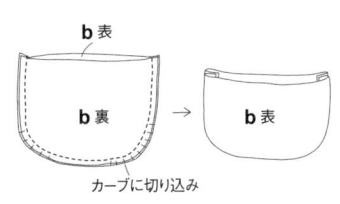

b表　b裏　b表
カーブに切り込み

**3** aの長い辺の裁ち目にジグザグをかける。
底を図のように折り、両脇を縫う。

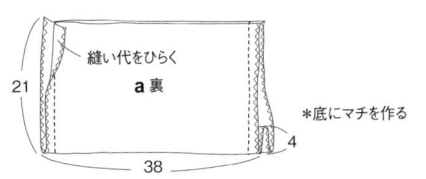

21　縫い代をひらく　a裏　4　38
＊底にマチを作る

**4** aの表側にbとcをしつけする。

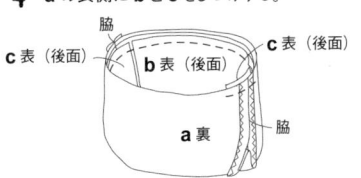

脇　c表（後面）　b表（後面）　c表（後面）　a裏　脇

**5** 綿テープを重ねて、袋口を一周縫う。

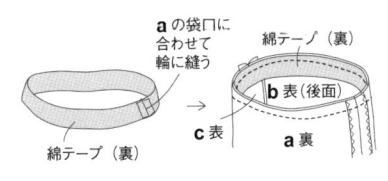

aの袋口に合わせて輪に縫う　綿テープ（裏）　b表（後面）　綿テープ（裏）　c表　a裏

**6** 表に返し、綿テープに端ミシンをかける。

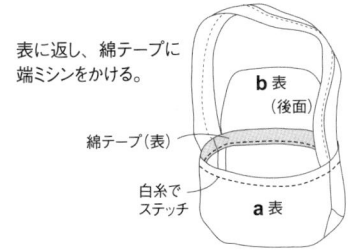

b表（後面）　綿テープ（表）　白糸でステッチ　a表

# 20

**2wayバッグ**

Photo …… p.27

基本形トートバッグは
ともかく出番の多いアイテムです。
長いひもは肩にかけない時は
バッグの中に入れて使います。

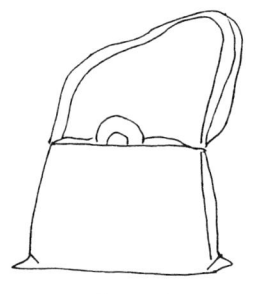

でき上がりの大きさ
約 38 × 24 × マチ 10cm

● **材料**
防水キャンバス地（ブルー）…
 **a** 40×60cm
 **d**（肩ひも）80×10cm
薄手キャンバス地（生成り）…
 **b** 40×60cm
 **c**（持ち手）20×8cm を 2 枚

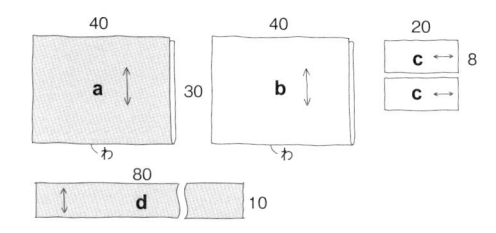

**1** aを中表に二つ折りにし、両脇を縫う。
bは返し口を残して同じように縫う。

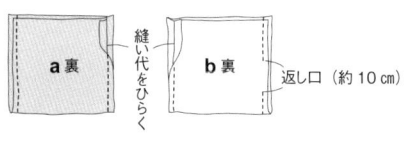

**2** aを表に返し、表側にマチを縫う。
bは裏側にマチを縫う。

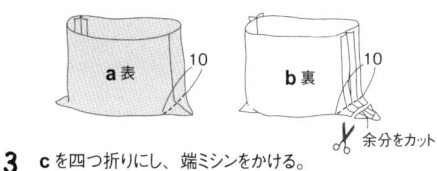

**3** cを四つ折りにし、端ミシンをかける。

*2つ作る

**4** dを図のように折り、ジグザグで縫い合わせる。

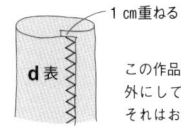

1cm重ねる

この作品ではdの接ぎ目を
外にしてつけていますが、
それはお好みで

**5** aの表側にcとdをしつけする。

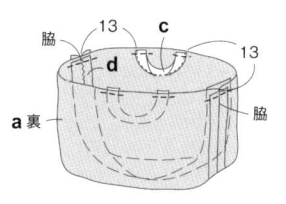

**6** aとbを中表に合わせ、袋口を一周縫う。

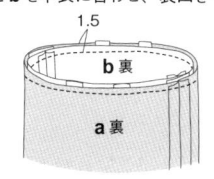

**7** 表に返し、返し口を閉じる。

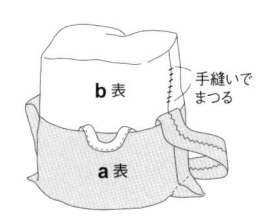

手縫いで
まつる

# 21
### 2つポケットのエプロン
Photo …… p.28

色違いの2枚の布に
ひもを挟んで1周縫うだけ。
ハトメもポイントです。

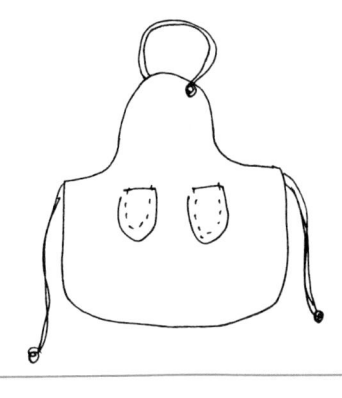

でき上がりの大きさ
S 約53×53cm
M 約65×60cm
＊Sは身長
100〜115cmくらい、
Mは身長
115〜130cmくらいまで
対応します

● 材料
リネン（カーキ）…
　a 55×55cm(S)、67×62cm(M)
　c 11×11cm(S)、12×12cm(M)
綿（ネイビー）…
　b 55×55cm(S)、67×62cm(M)
　d 50×6cm(S)、55×6cm(M)
　e 11×11cm(S)、12×12cm(M)
ハトメ…内径1cmを1組

**1** dを四つ折りにして、端ミシンをかける。
　　＊3本作る

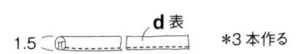

**2** aとbを中表に合わせ、dを挟む。
　　返し口を残して、一周縫う。

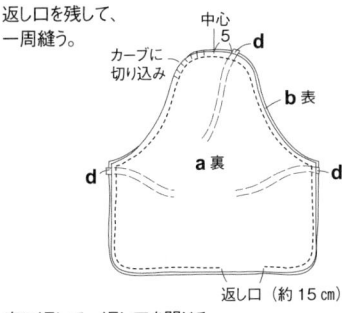

**3** 表に返して、返し口を閉じる。

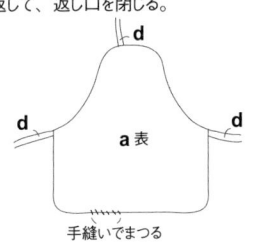

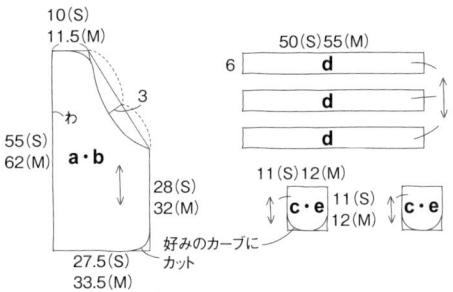

**4** cとeを中表に合わせ、返し口を残して一周縫う。
　　＊2つ作る

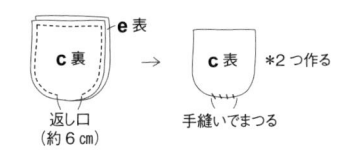

**5** ハトメとポケットをつける。

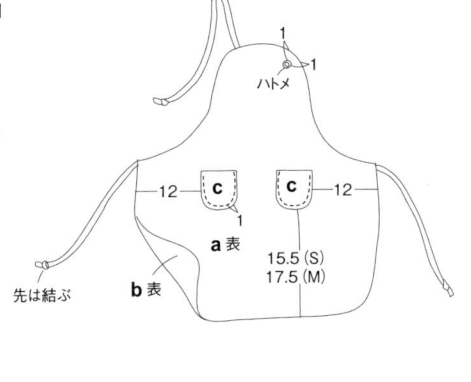

# 22.23
## ギンガムチェックのエプロン
## ストライプのエプロン

Photo …… p.29.30.31

長方形に縫った一枚にひもをつけただけ。
かぶって着るので、
ひもを結べなくても大丈夫。

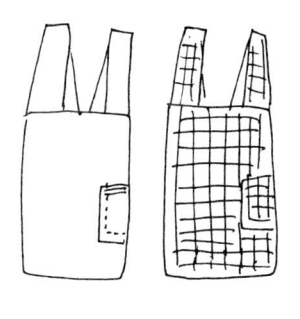

でき上がりの大きさ
S 約 77 × 43cm
M 約 83 × 53cm
＊ S は身長100 〜 115cmくらい、M は身長115 〜 130cmくらいまで対応します

● 材料
リネン（ギンガムチェックまたはストライプ）…
a 81×47cm（S）、87×57cm（M）
b 49×10cm（S）、54×10cm（M）を 2 枚
c 21×16cm

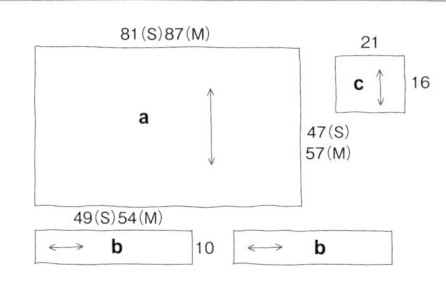

a: 81(S)87(M) × 47(S)/57(M)
b: 49(S)54(M) × 10
c: 21 × 16

**1** a の両脇、裾を三つ折りにし、端ミシンをかける。

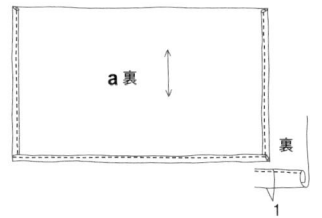

**2** b を図のように折り、端ミシンをかける。 ＊2 つ作る

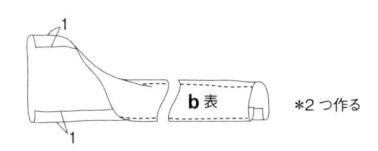

**3** c の上辺を三つ折りにし、端ミシンをかける。
残りの三辺にアイロンで折り目をつける。

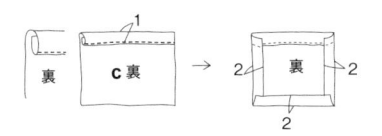

**4** a の上辺を三つ折りにして、b を挟んで縫う。
★…8.5(S) 10(M)

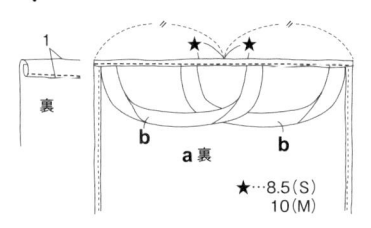

**5** b を上に引き上げ、上辺に端ミシンをかける。

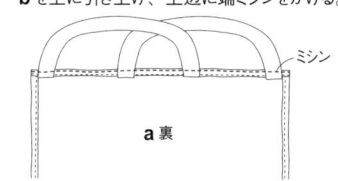

**6** c を縫いつける。

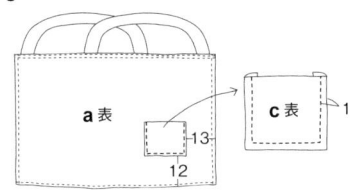

# 24

**ボーダースモック**
Photo …… p.32.33

ジャージ素材なので
裾やポケットは切りっぱなし。
襟ぐりが大きめなので
気になる方はゴムを入れても。

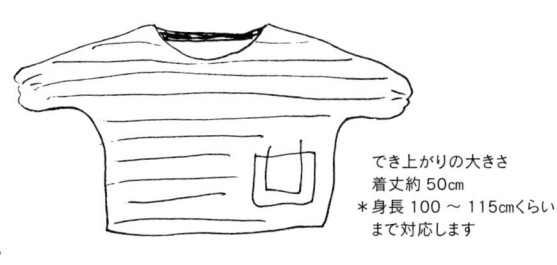

でき上がりの大きさ
着丈約 50cm
＊身長 100 ～ 115cmくらい
まで対応します

● 材料
ニットボーダー（白×ネイビー）…
　**a** 80×100cm
　**b**（ポケット）15×15cm
綿ローン（ブルー）…
　**c** 4×70cm（バイアスで裁つ）
ゴムテープ（袖口用）…
　0.3cm 幅を適宜

**1** **a**を図のように中表に折り、両脇を縫う。
袖口を1.5cm折り、端ミシンをかける。

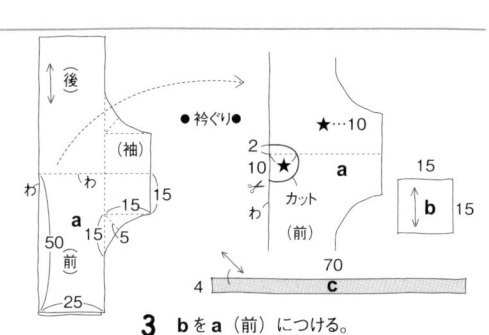

ゴム通し口を
1.5cm残しておく
（反対側も）

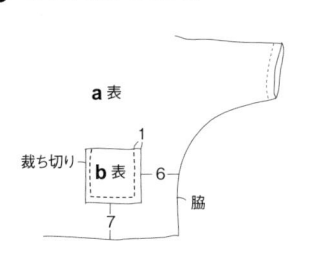

**2** **a**の衿ぐりに**c**を中表に合わせて一周縫う。
裏側に**c**を倒し、端ミシンをかける。

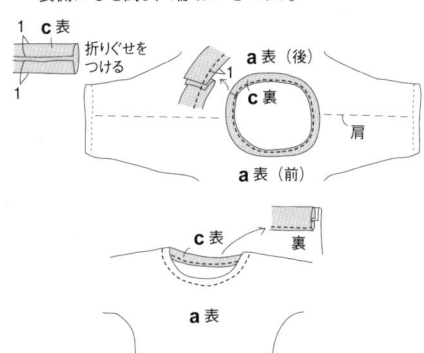

折りぐせを
つける

**3** **b**を**a**（前）につける。

裁ち切り

**4** 袖口にゴムテープを通す。

ゴムテープを
通して、結ぶ

# 25

**リネンスモック**
Photo …… p.34

半円のポケットと衿ぐりの
見返し布がポイントです。
衿ぐりが大きめなので、
このまま着たり脱いだり。

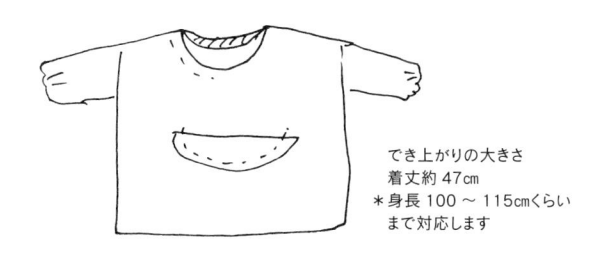

でき上がりの大きさ
着丈約47cm
＊身長100〜115cmくらい
まで対応します

● **材料**
リネンシャンブレー（ネイビー）…
 **a・c** 50×50cmを2枚
 **b** 21×36cmを2枚
綿ストライプ（赤×白）…
 **d** 20×10cm
 **e** 4×70cm（バイアスで裁つ）
ゴムテープ（袖口用）…
 0.3cm幅を適宜

**1** 図のように **a** と **b** の裁ち目にジグザグをかける。

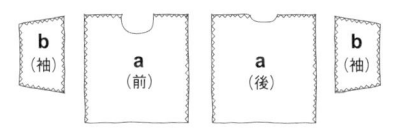

**2** **a** どうしを中表に合わせて肩を縫い、
**b** をつける。

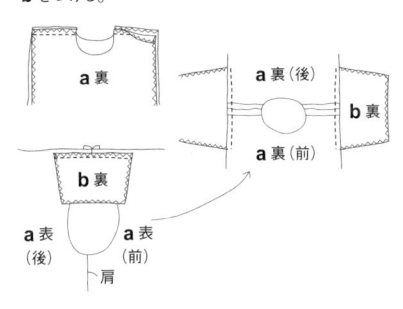

**3** 図のように中表に合わせて、
袖下から脇を続けて縫う。

**4** 袖口と裾を1cmの
三つ折りにして、
端ミシンをかける。

**5** **a** の衿ぐりに **e** を中表に合わせて一周縫う。
裏側に **e** を倒し、端ミシンをかける。

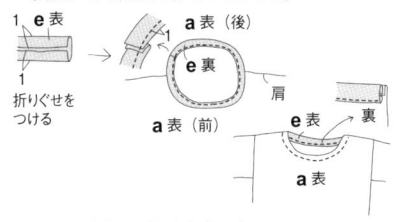

**6** **c** と **d**（ポケット）を中表に合わせて、
返し口を残して縫う。
表に返して、返し口を閉じ、**a**（前身頃）につける。

**7** 袖口にゴムテープを通す。
（P.70の **4** と同じ）

# 27

## どんぐりぼうし
Photo …… p.36.37

頭のサイズに合わせて目を作り、
あとはくるくる編んでいくだけ。
簡単なので色違いも作りたくなります。

でき上がりの大きさ 頭入れ口　約51cm

● **材料**
並太毛糸（ウール100％、赤）…50g くらい
かぎ針…7号、5号

**1** くさり編みを95目作る（p.57参照）。
＊1〜5までは7号のかぎ針

**2** 図のように輪にして、こま編みでぐるぐる編む。

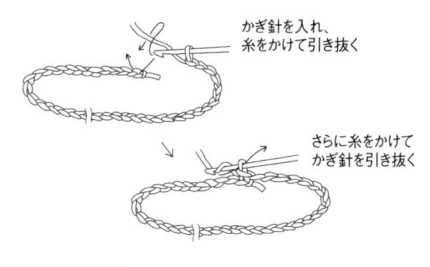

かぎ針を入れ、糸をかけて引き抜く

さらに糸をかけてかぎ針を引き抜く

●こま編みの仕方●

編み目にかぎ針を入れ、糸をかけて引き抜く

さらにかぎ針に糸をかけ、矢印の方向に引き抜く

●2段目からの目の拾う位置●

くさりになっている頭の部分を図のように拾う

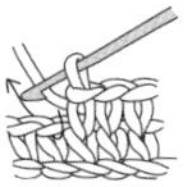

※3、4の1目飛ばしは1目またいでこま編みをし、目の数を減らしていく

**3** 20段くらい編み進んだら
"1目飛ばして6目編む（こま編み）"
を繰り返す。

**4** 輪が小さくなってきたら、
"1目飛ばして3目編む（こま編み）"
に変え、さらに減らしていく。

**5** 最後まで編んだら、くさり編みを10目作る。

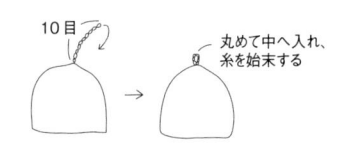

10目

丸めて中へ入れ、糸を始末する

**6** 5号のかぎ針で、頭入れ口側を
こま編みで2段編む。

… p.36.37

# 28
## 毛糸のマフラー
Photo …… p.36.37

子どもが一人でできるようにループをつけました。
普通のマフラーの半分の長さなので
あっという間にでき上がり。

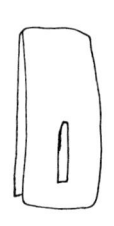

でき上がりの大きさ 約 14 × 80cm

● **材料**
極太毛糸（ウール100％、ベージュ）…80gくらい
棒針…15号
かぎ針…7号

**1** 作り目を22目作る。

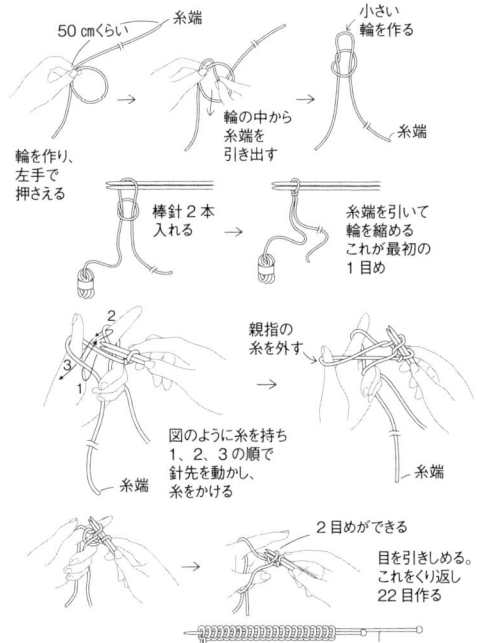

- 50cmくらい / 糸端
- 輪を作り、左手で押さえる
- 輪の中から糸端を引き出す
- 小さい輪を作る
- 棒針2本入れる
- 糸端を引いて輪を縮める これが最初の1目
- 図のように糸を持ち1、2、3の順で針先を動かし、糸をかける
- 親指の糸を外す
- 糸端
- 2目めができる
- 目を引きしめる。これをくり返し22目作る
- 棒針を1本抜く

**2** ひたすらガーター編みをする（表目だけで編む）。

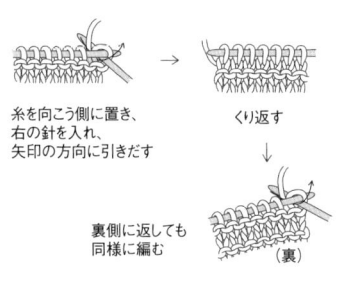

- 糸を向こう側に置き、右の針を入れ、矢印の方向に引きだす
- くり返す
- 裏側に返しても同様に編む（裏）

**3** 80cmくらい編む。

**4** かぎ針でくさり編みを12cmくらいまで編み、
こま編みをし、1cm幅のループを作る
（p.57、p.72 参照）。
マフラーに毛糸で縫いつける。

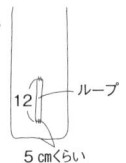

- 12 / ループ
- 5cmくらい

# 29
## かたづけ巾着
Photo …… p.38.39

何が中に入っても
白い袋ならさりげなくて清潔。
大きさによって
ひもの色を変えています。

L(青)約 59×58cm　M(赤)約 49×44cm　S(黄)約 34×47cm

でき上がりの大きさ

● 材料
綿ブロード（白）…
　a 70×55cm (S)、100×52cm (M)、
　　120×68cm (L)
綿ストライプ（赤、黄、青）…
　b 4×80cm (S)、4×110cm (M)、4×140cm (L)
綿レース（白）…
　3cm幅 35cm (S)、50cm (M)、60cm (L)

35(S) / 50(M) / 60(L)
55(S) / 52(M) / 68(L)
4
80(S) / 110(M) / 140(L)

**1** aの裁ち目にジグザグをかけ、中表に二つ折りにする。
底に綿レースを挟み、図のように縫い、あきを作る。

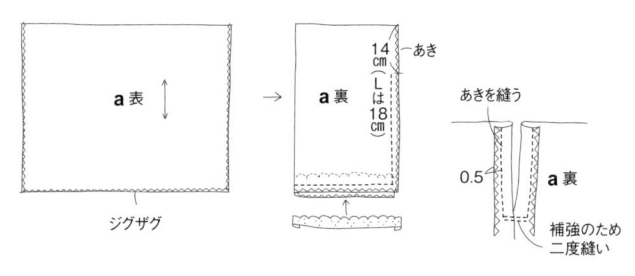

14cm　Lは18cm　あき
0.5　あきを縫う　a裏　補強のため二度縫い
a表　ジグザグ

**2** aの上辺を図のように三つ折りにして、
端ミシンをかける。
さらに2cm上を縫う。

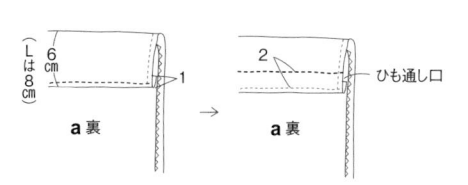

6cm（Lは8cm）　1　a裏　2　ひも通し口　a裏

**3** bを四つ折りにして、端ミシンをかける。
ひも通し口からbを通す。

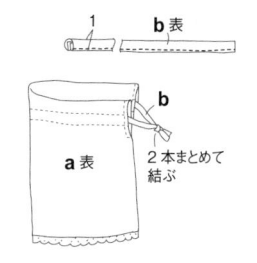

1　b表　b　a表　2本まとめて結ぶ

# 30

## おもちゃ入れ
Photo …… p.40.41

きれいな色なら整理もたのしく！
しっかり自立するように二重になっています。
厚手で張りのある布で作ってください。

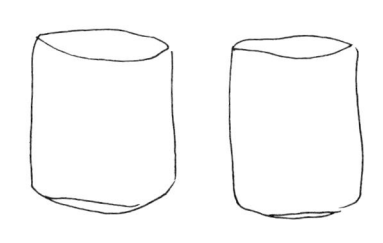

でき上がりの大きさ 約 44 × 29cm

● **材料**
キャンバス地…
　**a**（ピンクまたはブルー）90×60cm
　**b**（生成り）直径 30cm の円を 2 枚

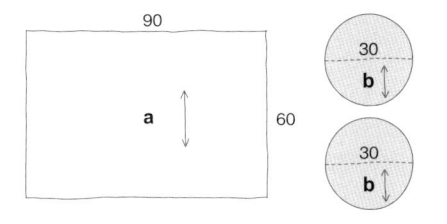

**1** **a** を中表に二つ折りにし、
返し口を残して縫う。

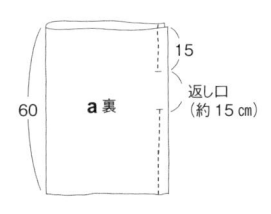

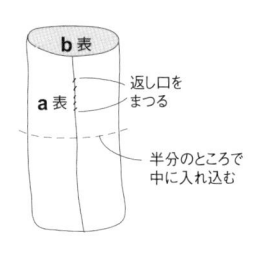

15
返し口
（約 15 cm）
60
**a** 裏

**2** **a** の両端を **b** と縫い合わせる。

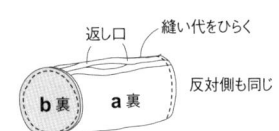

返し口
縫い代をひらく
反対側も同じ
**b** 裏　**a** 裏

**3** 表に返して、返し口を閉じる。
半分を内側に折る。

**b** 表
**a** 表
返し口を
まつる
半分のところで
中に入れ込む

↓

**a** 表
**b** 表

# 31

## りぼんバッグ

Photo …… p.42.43

綿プリントの布の柄をいかした
すっきりしたデザイン。
サイズを変えて大人用を作るのもおすすめです。

でき上がりの大きさ 約 31 × 24cm

### ● 材料

綿ローン（リバティプリント）…
  **a** 33×50cm
  **c**（持ち手）80×10cmを2枚
綿シャンブレー（サックスブルー）…
  **b**（裏地）33×50cm

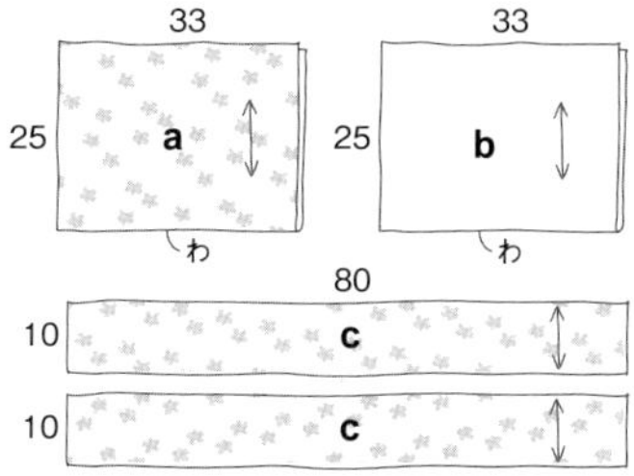

**1** **c**を中表に二つ折りにし、両脇を縫う。
表に返す。

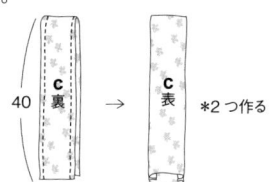

*2つ作る

**2** **a**を中表に二つ折りにし、両脇を縫う。
**b**は返し口を残して同じように縫う。

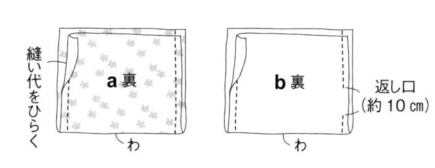

返し口（約10cm）

**3** **a**の表側に**c**をしつけする。

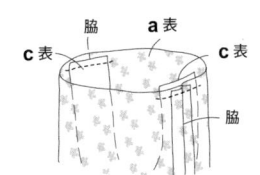

**4** **b**を表に返し、**a**と中表に合わせて
袋口を一周縫う。

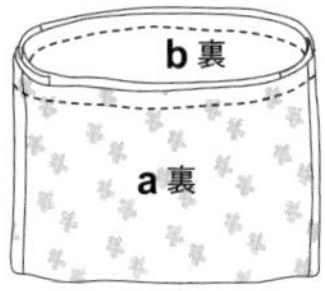

**5** 表に返して、返し口を閉じる。

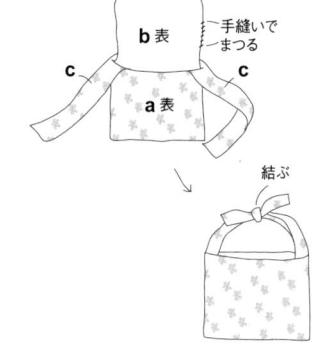

手縫いでまつる

結ぶ

# 32

## ウォールポケット

Photo …… p.44

どこに入れる？
厚手の帆布でシンプルに。
細かいものの整理もたのしくなります。

でき上がりの大きさ 約 75 × 67cm

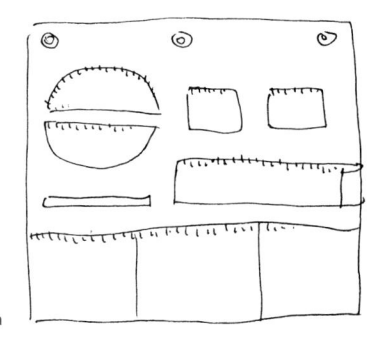

● **材料**
キャンバス地（生成り）…
    **a** 75×95cm
    **b** 直径 28cm の円
    **c** 17×12cm を 2 枚
    **d** 50×17cm
綿テープ…2cm 幅 29cm
ハトメ…内径 1cm を 3 個

**1** 裁ち図の 〰〰 位置にグレーの糸でジグザグをかける。

**2** **a** の上下を図のように折り、ジグザグをかける。

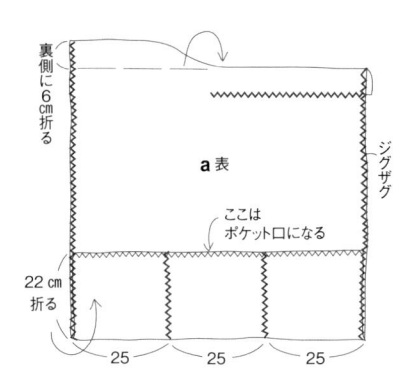

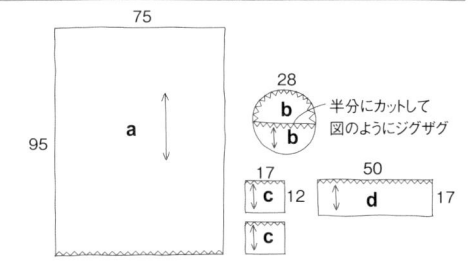

**3** **b**、**c**、**d** と綿テープをバランスを見つつ配置し、ジグザグで縫いつける。上にハトメを打つ。

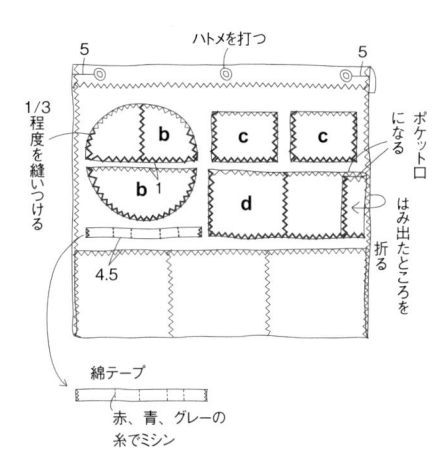

# 33

**リネンのポーチ**
Photo …… p.46.47

60cm幅をいかして作りました。
お気に入りのボタンをつけてください。

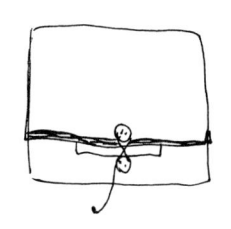

でき上がりの大きさ 約 34 × 22cm

---

● **材料**
60cm幅の赤耳リネン（ベージュ）…
 **a** 34×60cm
 **b** 17×14cm
ボタン…直径 2cm を 2 個
麻ひも…32cm

**1** a の上に b を図のように重ねて、三辺を
 ジグザグで縫い合わせる。

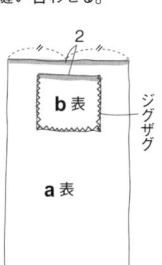

**2** a を図のように折り、両脇をジグザグで縫う。

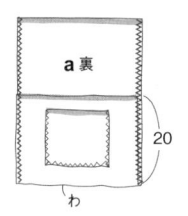

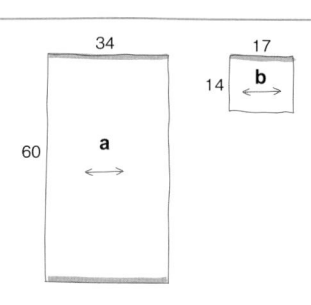

**3** ボタンと麻ひもをつける。

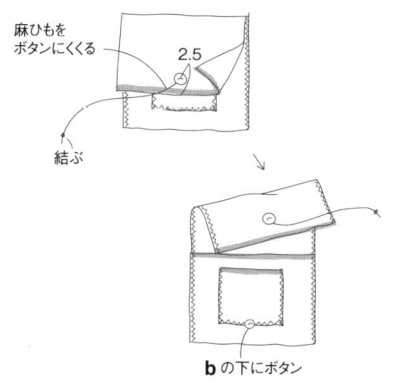

麻ひもを
ボタンにくくる
結ぶ

b の下にボタン

# 34
## きんちゃく袋
Photo …… p.48

リバーシブル仕立てのきんちゃくです。
ここでは、ひもの先に
チャイナボタンをつけました。

でき上がりの大きさ 約 23 × 20.5cm

● **材料**
リネン（ブルー）…
　**a** 25×43cm
綿（花柄）…
　**b** 25×43cm
麻ひも（白）…60cmを2本
チャイナボタン（白）…2個

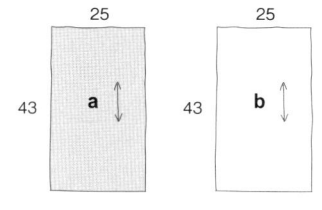

**1** aとbを中表に合わせて、上下を縫う。

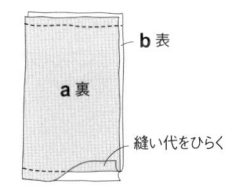

b表
a裏
縫い代をひらく

**2** 縫い目どうしを中心で合わせて、印をつける。

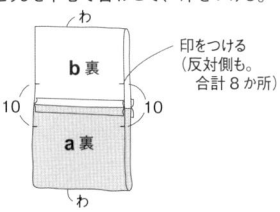

わ
b裏
印をつける
（反対側も。
合計8か所）
10　10
a裏
わ

**3** 図のように印から印までを三つ折りにして、端ミシンをかける。

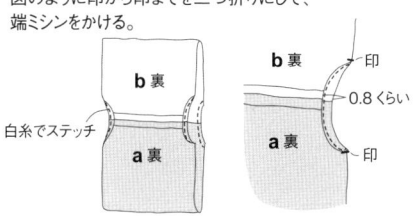

b裏
a裏
白糸でステッチ
b裏
印
0.8くらい
a裏
印

**4** 両脇を縫う。

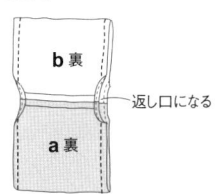

b裏
a裏
返し口になる

**5** 表に返して、bを中に入れ込む
ひも通し口を縫う。

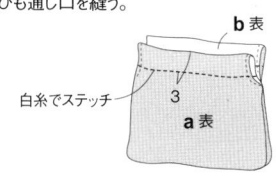

b表
白糸でステッチ
3
a表

**6** ひもを通して、先にチャイナボタンをつける。

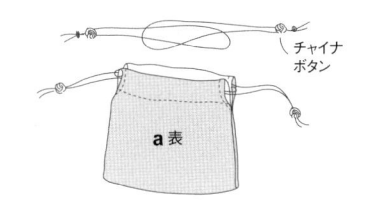

チャイナ
ボタン
a表

## 石川ゆみ （いしかわ・ゆみ）

1966年、青森生まれ。布小物作家。アパレル会社や雑貨店に勤めるいっぽう布の小物を作り、1999年より作家として活動を始める。2003年、友人と恵比寿に器と雑貨の店「イコッカ」をはじめる。2008年、作品に専念するために店を離れ独立。こびるところのない素直でナチュラルな作品は多くのファンを得ている。『リネンで雑貨』『まいにち、針仕事』『石川ゆみの好きな布で好きなもの』などの著書がある。

撮影 ………………… 藤岡由起子
ブックデザイン … 中島寛子
作り方解説 ……… 網田ようこ
トレース・製図 … tinyeggs studio

◆生地の協力店
CHECK & STRIPE　www.checkandstripe.com/
LEN　www.lenlenlen.com/
安田商店　www.cotton-yasuda.com/

## こどもがまいにちつかうもの

2011年3月10日　初版第1刷発行
2016年4月15日　初版第5刷発行

著者 ………… 石川ゆみ
発行者 ……… 山野浩一
発行所 ……… 株式会社筑摩書房
　　　　　　　〒111-8755　東京都台東区蔵前2-5-3
　　　　　　　振替 00160-8-4123

印刷・製本 … 凸版印刷株式会社

乱丁・落丁本は、お手数ですが下記にご送付ください。送料小社負担でお取り替えいたします。
ご注文・お問い合わせも下記にお願いいたします。
筑摩書房サービスセンター
〒331-8507　さいたま市北区櫛引町2-604
TEL 048-651-0053

©Yumi Ishikawa 2011 Printed in Japan
ISBN978-4-480-87836-6 C0077